# Geschichte im 16-Meter-Raum

## Doppelpass mit Geschichte und Politik

Thomas Kahl

Karena Klepel

Carsten Loth

Josef Rave

Matthias Reinländer

Tobias Stankowski

Jonas Takors

Karl Wilschky

Ernst Klett Schulbuchverlage

Stuttgart · Leipzig

1. Auflage          1  5   4   3   2   1  |  2010  2009  2008  2007  2006

Alle Drucke dieser Auflage sind unverändert und können im Unterricht nebeneinander verwendet werden. Die letzten Zahlen bezeichnen jeweils die Auflage und das Jahr des Druckes.

Autoren: Thomas Kahl, Karena Klepel, Carsten Loth, Josef Rave, Dr. Matthias Reinländer, Tobias Stankowski, Jonas Takors, Karl Wilschky
Redaktion: Dr. Björn Opfer

Gesamtgestaltung und Herstellung: Karena Klepel

Reproduktion: Meyle + Müller, Medien-Management, Pforzheim
Druckerei: Gulde-Druck GmbH, Tübingen

Printed in Germany

ISBN-13: 978-3-12-410088-7
ISBN-10: 3-12-410088-3

# Inhalt

# Fußball in Geschichte und Politik.
# Perspektivwechsel einmal anders.

22 schwitzende Frauen oder Männer laufen für 90 Minuten einem Ball nach. Manchmal tragen sie dabei Trikots mit ihrem Staatswappen und werden von Zehntausenden schreienden Menschen angefeuert, die nicht selten in fantasievoller Weise in den Farben ihres Regional-vereins oder ihres Landes gekleidet sind. Hinzu kommen mitunter Millionen von Zuschauern vor dem Fernsehen mit vergleichbaren Verhaltensmustern. Eigentlich sollte dieses Phänomen im „globalen Zeitalter" am Beginn des 21. Jahrhunderts, einer mobilen Individualitätsgesellschaft mit immer weniger regionalen Bindungen und geprägt vom Prozess der europäischen Integration ein Anachronismus sein. Und doch weckt ein Massensport wie der Fußball nach wie vor ein kaum messbares Potential an Emotionen, das sich solchen staatlichen und gesellschaftlichen Prozes-sen zu entziehen scheint.
Verdeutlicht man sich dieses Phänomen, egal ob es sich um ein Fußballländerspiel oder ein Lokalderby handelt, so sind bereits die ersten von vielen Antworten auf die Frage greifbar: Was hat Fußball mit Politik, mit Geschichte, mit Wirtschaft oder gar Musik zu tun?

Fußball bedeutet Emotionalität und für viele ein erhebliches Maß an eigener Identität, für einige sogar eine Art von „Religion". Fußball ist demzufolge automatisch auch hochpolitisch, Ausdruck zahlreicher gesellschaftlicher Entwicklungen und eine spannende Zugangsmöglichkeit zum Verständnis zentraler historischer Prozesse. Sport wurde immer wieder in der Geschichte von der Politik propagandistisch instrumentalisiert, nicht nur von autoritären Regimen. Das „Wunder von Bern" hatte noch in Ost und West eine vergleichbare positive Identitätsstiftung nach den Kriegs- und NS-Traumata ausgelöst. Die Reaktionen auf das Tor der DDR in der WM 1974 zum 1:0 gegen die Bundesrepublik zwanzig Jahre später verdeutlichen aber schon prägnant die emotionalen und ideologischen Gegensätze beider Teile Deutschlands während des Kalten Krieges.

An immer mehr Schulen findet Fußball als spezifisches Massenphänomen Berücksichtigung zur Gestaltung des Unterrichts. Darf im Kunstunterricht der eigene Sportschuh entworfen werden, versucht sich auch schon mal eine Klasse in einem Planspiel daran, einen Jahreshaushalt des Wirtschaftsunternehmens „Fußballclub" zu erstellen. (Für derartige Bespiele sei auf Internet-seiten wie http://www.fd21.de/166081.asp (Stand 25. Oktober 2005) verwiesen.)

„Geschichte im 16-Meter-Raum" stellt verschiedene Möglichkeiten vor, aus sportgeschichtlicher Sicht, zentrale Aspekte der deutschen Geschichte des 20. Jahrhunderts, moderne wirtschafts- und sozialpolitische Problemstellungen, aber auch die Verknüpfung von Musik und Fußball zu erarbeiten. Dabei richtet sich das Themenheft sowohl an Lehrerinnen und Lehrer verschiedener Schulformen, wie auch an neugierige Schüler, die gern neue Wege gehen und die Perspektive wechseln. Dazu dienen sowohl schülergerechte Informationstexte, als auch Tipps zur Unterrichts-einbindung und in sich geschlossene Arbeitseinheiten. „Geschichte im 16-Meter-Raum" bietet dadurch Anstöße für mehr als die üblichen 90 Minuten.

# 1. Strukturwandel im Revier und der FC Schalke 04

**FC Schalke 04 gegen AC Mailand in der Veltins Arena am 28.09.2005**

## Fußball im sakralen Licht

Der Fußball ist im Ruhrrevier mehr als ein Spiel. Wer einmal „auf Schalke" war, weiß, dass es für viele in Blau-Weiß eine Religion ist. Zwar hat das neue Stadion als einziges in Deutschland innerhalb seiner Katakomben eine eigene Kapelle, aber für die Fans ist der Sakralraum der grüne Rasen. Es sei hier nur daran erinnert, dass man im Dunstkreis der Arena vom „Schalke Unser" spricht.

Diesen Stellenwert hatte der Club natürlich nicht von Anfang an. Wie die Zahl „04" schon zeigt, wurde der Verein – damals noch als „Westfalia Schalke", heute offiziell „FC Gelsenkirchen Schalke 04 e.V." – Anfang des 20. Jahrhunderts gegründet – wie viele andere Fußballvereine auch. Der Stadtteil Schalke war Arbeitervorort, und so sind die Wurzeln auch in der Arbeiterschaft zu finden. Westfalia Schalke war ein Arbeiterverein. Eine Tatsache, die heute noch hochgehalten wird und die viel zum Selbstverständnis auf Schalke beiträgt.

Man fühlt sich, und das ist typisch für die Ruhrvereine, die Zechenvereine, die viele einmal waren (SV Sodingen, SpVgg Erkenschwick, Sportfreunde Katernberg, VFB Lohberg u.a.), als Verein des „kleinen Mannes", des „Malochers". Dementsprechend war ein Spitzname wie „Hammer" für einen Spieler eine Ehrenbezeichnung. Da denke man auch an „Acker" alias Gerhard Schröder.

Unberührt bleibt davon, dass zu den Großen im Grunde auch die Bergwerke zu zählen waren, die diese Vereine tatkräftig unterstützten oder sponserten, wie heute gesagt wird. Die Zeche Mont-Cenis stand beispielsweise für den SV Sodingen und das Bergwerk Lohberg für den VFB Lohberg.

Wichtig war, dass die Spieler unter Tage arbeiteten oder zumindest einmal gearbeitet hatten. Das bescherte das Wir-Gefühl. Dieses erlebte dann Sonnentage, wenn man auch noch gegen die sogenannten bürgerlichen Vereine, also gegen Clubs, die nicht dem Arbeitermilieu entstammten, gewann. Dann hatte man es „denen da oben" wieder einmal gezeigt.

Zu „denen da oben" gehörte und gehört immer noch der Deutsche Fußball Bund, der DFB. Gerade von ihm fühlte und fühlt man sich grundsätzlich schlecht behandelt, teilweise sogar verfolgt (Affären gab es allerdings auch genug). Aber alle Verfehlungen, die es unleugbar gab und die nicht nur vom DFB, sondern auch von ordentlichen Gerichten geahndet wurden, schürten nur das Gefühl, dass „die da oben" „denen da unten" etwas wollten, dass „die da oben" eben nicht den Erfolg „denen da unten" gönnten, so dass die Anhängerschaft sich noch mehr zusammenschweißte und noch mehr Zulauf fand.

Während die Kohlenkrise Ende der 50er- und Anfang der 60er-Jahre viele Zechenvereine wieder in die unteren Ligen verschwinden ließ, schaffte Schalke 04 den Sprung in die Bundesliga. Und eigentlich ist es eine Ironie der Geschichte, dass ausgerechnet Schalke 04 1958 noch einmal Deutscher Meister wurde. Nicht einmal ein Jahr später wurde in den Gelsenkirchener Bergwerken die erste Feierschicht gefahren. Da hatte sich der Mythos Schalke allerdings schon längst verselbständigt. Aus einem kleinen Vorort-Verein war einer der größten Fußball-Vereine Deutschlands geworden, der sieben Meisterschaften errang und dessen Spielweise, „der Schalker Kreisel", die Fußballwelt in Erstaunen und Verzückung versetzte.

— **Einsatz im Unterricht** —

### Fußball im Zechengebiet –
### Identitätsbildung in Gelsenkirchen

Die vier Bilder von Arbeitsblatt 1 geben schon einen ersten deutlichen Hinweis auf die Verbundenheit des Vereins Schalke 04 mit dem Bergbau. Deutlich wird die Parallelität von Blühen und Verblühen der Zechenlandschaft auf der einen und dem Erblühen des Fußballvereins Schalke 04 auf der anderen Seite.

Beide Entwicklungsstränge, die eng mit der Identitätsbildung der Schalker zusammenhängen, müssen zunächst jeweils für sich herausgebildet und erkannt werden.

Nach einem ersten Herantasten über die Interpretation der Bilder kann zunächst in einem zweiten Schritt über Namen, Symbole und wirtschaftsgeografische Daten die „Anbindung" des Vereins an den Bergbau herausgearbeitet werden. Es ist davon auszugehen, dass dem überwiegenden Teil der Jugendlichen heute diese Tradition nicht mehr bewusst ist (sofern nicht „königsblaues Blut" in den Adern pulsiert). Dieses gilt wahrscheinlich auch für den Bereich des Bergbaus selber, der heute, zu Beginn des 21. Jahrhunderts, im deutschen Wirtschaftsleben kaum noch die einstige bedeutende Rolle spielt wie noch vor wenigen Jahrzehnten.

Aus diesem Arbeitsschritt leitet sich zwangsläufig eine Problematisierung ab, wie die Gemeinsamkeiten zwischen Bergbau und Fußball zustande gekommen sind. Hier lassen sich mehrere Hypothesen aufstellen und diskutieren, ohne dass heute noch die enge Verzahnung unmittelbar wahrgenommen werden kann, weil auch diese heutzutage bei den großen Vereinen nicht mehr gegeben ist. Zwar gibt es die sogenannten Werkclubs (Bayer Leverkusen oder auch VfL Wolfsburg), aber selbst Bayer hat mittlerweile hier eine personelle Ausgliederung aus dem direkten Unternehmen vorgenommen, das heißt, die Angestellten des Vereins, also auch die Spieler, sind selbst nicht mehr dem Papier nach in irgendeiner Funktion im Werk tätig.

Dass diese enge Verflechtung (Zeche/Verein) damals nicht einmalig war, erfahren die Schülerinnen und Schüler im Arbeitsblatt „Bergbautradition und Fußball". Die Gründe dafür finden sie ebenfalls dort. Deutlich wird dabei, dass beide Seiten, Bergbau und Fußballclub, demnach davon profitierten, bis die Ruhrkrise das Ruhrrevier erfasste. Auffällig ist, dass die drei großen Zechenvereine (Schalke 04, SV Sodingen und Westfalia Herne) solange Erfolge verbuchten, solange es auch dem Steinkohlebergbau noch gut ging. 1958 feierte Schalke 04 seine letzte deutsche Meisterschaft, 1959 wurde in Gelsenkirchen die erste Feierschicht gefahren. Während Sodingen und Herne Lokal- bzw. Regionalvereine blieben, konnte sich allein Schalke in der Bundesliga halten. Wie sich diese Entwicklung auf die Vereine auswirkte, lässt sich an M11 aufzeigen. Hier wird zum ersten Mal deutlich, wie sich der Verein Schalke 04 von den anderen Vereinen abhebt. Warum? Der Club hat während seiner nun 100-jährigen Geschichte immer wieder für negative Schlagzeilen gesorgt: Abstiege, dazu Skandale oder Affären, wie 1931, 1961, 1971/72 (siehe Arbeitsblatt „Die Entwicklung des

FC Schalke 04"). Für längere Zeit sprach man in den 1970er-Jahren auch schon einmal vom „FC Meineid". In der deutschen Öffentlichkeit galt Schalke 04 zudem lange als „Polakenclub". Letzteres beruht darauf, dass das Ruhrgebiet durch seine Industrialisierung Einwanderungsgebiet aus den östlichen Teilen des deutschen Kaiserreiches geworden war. In Gelsenkirchen waren es vielfach Landarbeiter mit ihren Familien, die aus Masuren (Ostpreußen) kamen, weshalb die Stadt auch Klein-Ortelsburg genannt wurde.

Was spricht trotzdem für diese Blüte? Es wird gerne der „Mythos Schalke" bemüht. Greifbar wird dieser u. a. in der Aussage des ehemaligen Nationalspielers und heutigen Fernsehkommentators Paul Breitner und verschiedener anderer Zeitzeugen: Schalker ist man (M5, M6). So verzeichnet der Fußballclub steigende Mitgliederzahlen während Gelsenkirchen mehr und mehr Einwohner verliert. Dabei kann Schalke 04 in Zuschauer- und Mitgliederzahlen nicht wie Bayern München, der Hamburger SV oder VFB Stuttgart aus einem bevölkerungsstarken Umland schöpfen. Stattdessen befindet sich Schalke in direkter Nachbarschaft zu Bundesligakonkurrenz wie Dortmund, Bielefeld und Bochum.

Dennoch muss dieses Phänomen irgendwann begonnen haben. Bezeichnend ist dabei das frühe Image des Underdogs, des Arbeitervereins, der sich aus kleinen Anfängen gegen die „großen" Vereine und den mächtigen DFB, gegen „die da oben", durchgesetzt hat. Nicht umsonst wahrt der Verein diese Tradition, dass sich die Schalker mit dem Bergbau, dem Bergmann, dem „Malocher" identifizieren. Nach dem ersten großen Skandal (heimliche Spielerbezahlung, also verdecktes Profitum) stiegen die Sympathiewerte ins scheinbar Unermessliche. 70.000 Zuschauer wollten die Mannschaft im ersten Spiel nach der Sperre sehen. Das können nicht alles Einwohner des Stadtteils Schalke gewesen sein (M9) Aber auch nach dem Bundesligaskandal mit dem verschobenen Spiel gegen Bielefeld geht die Zuschauerzahl zwar anfangs zurück, erreicht dann jedoch schon im nächsten Jahr wieder die alten hohen Werte und steht mittlerweile (2006), mit dem neuen, modernen Stadion, bei konstant über 60.000.

Neben dem Underdog-Image zieht selbstverständlich der Erfolg an. Bayern München ist dafür ein beredtes Beispiel, und auch Borussia Mönchengladbach hat mit seinen Meisterschaften in kurzer Zeitfolge, aber auch – im Gegensatz zu Bayern – mit seinem erfrischenden Offensivfußball, vergleichbar dem „Schalker Kreisel" in den 30er-Jahren, Anhänger auch außerhalb der Stadionsichtweite gewonnen. (M3) Bei Schalke 04 waren es besonders die Jahre von 1933 bis 1942, in denen der Verein sechsmal Deutscher Meister und einmal Pokalsieger war (M2). Diese Erfolgsserie des Arbeitervereins wirkte über Generationen nach und die Anhängerschaft „vererbt" sich nicht selten in den Familien fort (M6). Zum neuerlichen Boom trägt heute sicherlich auch das neue Stadion bei (Arbeitsblatt „Strukturwandel im Revier und der FC Schalke 04", M4).

# Revier und der FC Schalke 04 im Wandel

Die zweite Hälfte des 19. Jahrhunderts war die große Zeit des Bergbaus im Ruhrgebiet und zugleich die Zeit, in der sich zunehmend Arbeitersportvereine organisieren.

Allerdings fielen die meisten Zechen dem nach dem 2. Weltkrieg eintretenden Strukturwandel zum Opfer.

**1** Das Gelsenkirchener Bergwerk Consolidation um 1935

**2** Das Bergwerk Consolidation 2005

**3** Das Stadion „Kampfbahn Glückauf" in Gelsenkirchen um 1935

**4** Die neue „Arena AufSchalke" 2005

---

**Arbeitsvorschlag**

Vergleiche die Bilder der Zeche Consolidation miteinander und stelle sie dann den Bildern des Stadions in Gelsenkirchen gegenüber. Schildere deine Eindrücke. (M1–4)

# Bergbautradition und Fußball

Der Bergbau bestimmte das Leben der Menschen und deren Alltagskultur im Ruhrgebiet. Dies wirkte sich auch entsprechend auf das Selbstverständnis der dort entstandenen Fußball-Vereine aus.

### 1 Bergbaustadt Gelsenkirchen

Gelsenkirchen wurde zu Beginn des 20. Jahrhunderts auch die „Stadt der 1000 Feuer" genannt. Dieser Name rührte daher, dass der Bergbau das Grubengas abfackelte, dessen Flammen dann besonders nachts weithin sichtbar waren.

Zu den größten Bergbaubetrieben in Gelsenkirchen zählten: die Schachtanlage Graf Bismarck, Schachtanlage Nordstern, Zeche Holland, Zeche Bonifacius, Zeche Pluto, Zeche Rhein-Elbe, Zeche Carolinenglück, Zeche Alma, Bergwerksgesellschaft Dahlbusch, Schachtanlage Hugo, Zeche Wilhelmine Viktoria, Schachtanlage Consolidation (im Volksmund „Consol" genannt). Die Stollen der verschiedenen Schachtanlagen waren unterirdisch teilweise miteinander verbunden, so dass man auch aus anderen Städten teilweise einfahren konnte.

Zusammenstellung des Autors nach www.zeche-hugo.com, www.steinkohle.de, www.bergbaumuseum.de (12.10.05)

### 2 Symbole des Bergbaus

War „Glückauf" der traditionelle Gruß der Bergleute, entwickelte sich Schlägel und Eisen zum Symbol des Bergbaus.

### 3 Knappen und Knappschaft

### 4 Knappen auf der Fußball-Bühne

Gelsenkirchen (dpa) – Der FC Schalke 04 hat auf der großen europäischen Fußball-Bühne endlich eine Duftmarke hinterlassen [...] Die wichtigste Erkenntnis für die Knappen ist, dass sie mit dem beachtlichen Auftritt gegen den sechsmaligen Landesmeister-Champion Europas gemerkt haben, dass sie auch gegen Weltstars wie Maldini, Kaká oder Schewtschenko mithalten können.

Zit. nach: Westfälische Rundschau, 29.09.2005.

**Knappe**, ein junger Mann oder Knabe, der zum Ritter ausgebildet werden sollte und im Dienst eines Ritters stand. **Knappschaft**, im 13. Jahrhundert zunftmäßiger Zusammenschluss der Bergleute (Knappen), v.a. zur gegenseitigen Unterstützung bei Krankheit und Unfällen.

### 4 Anteile der Hauptenergieträger an der Energieversorgung der Bundesrepublik Deutschland in Prozent

|  | 1950 | 1958 | 1970 | 1980 | 1988 | 1997[1] |
|---|---|---|---|---|---|---|
| Steinkohle | 72,8 | 65,4 | 28,8 | 19,8 | 19,2 | 14,1 |
| Braunkohle | 15,2 | 12,3 | 9,1 | 10,1 | 8,1 | 11,0 |
| Mineralöl | 4,2 | 11,0 | 53,1 | 47,5 | 42,1 | 39,5 |
| Erdgas | 0,1 | 0,7 | 5,5 | 16,3 | 16,0 | 20,6 |
| Kernenergie | - | - | 0,6 | 3,7 | 12,0 | 12,8 |

Zusammengestellt vom Autor nach Terra, Räume und Strukturen, Erdkunde Sek.II, Gotha 2001, S.136ff.

[1] Alte und neue Bundesländer

**6** Das alte Stadion „Kampfbahn Glückauf"

**9** Der Stürmer und Publikumsliebling Youri Mulder nach einer Grubenfahrt im Bergwerk Westerholt 1997,
„schmutzig, mit Schnäpschen und guter Dinge"

**7** Auszug aus dem Schalker Vereinslied:
1000 Feuer in der Nacht
haben dir das Glück gebracht,
1000 Freunde, die zusammensteh'n [...]
Zit. nach: Voss, G., Spiegel, T., Seveneick, J. (Hg.), 100 Schalker Jahre, 100 Schalker Geschichten, Essen 2004, S. 73

**8** Grüner Rasen – schwarzer Staub
Schalke braucht Consol – Consol braucht Schalke [...] Zunächst beschränkte sich die Hilfestellung der Zeche auf materielle und personelle Ressourcen. Leichtere Arbeitsplätze und gelegentliche Freistellungen für die Schalker Spieler, Material und Hilfe bei Reparaturen sind für eine Zeche wie Consul kein Problem. Davon profitieren nicht nur die Spieler, sondern auch die Zeche, die sich damit die Sympathie der lokalen Öffentlichkeit sichert.
Zit. nach: 100 Schalker Jahre, a. a. O., S. 52

**10** Kleine Vereine – ganz groß
Vier Jahre hintereinander stellen zwischen 1955 und 1958 Vereine von der Ruhr den Deutschen Meister. Noch einmal machen Zechenvereine aus Vororten in ganz Deutschland auf sich aufmerksam. Der SV Sodingen beispielsweise dringt 1955 in die Meisterschaftsrunde vor. Bei dem Club, der im Schatten der Zeche Mont-Cenis groß geworden ist, spielen sogar 2 Nationalspieler. Und Westfalia Herne spielte zweimal, 1959 und 1960, um die Meisterschaft mit.
Zit. nach: Röwekamp, G., Der Mythos lebt, Göttingen 2003, S. 132

**11** Die drei Zechenvereine

|  | Schalke 04 | SV Sodingen | Westfalia Herne |
|---|---|---|---|
| Gründung | 1904 | 1912 | 1904 |
| Mitglieder | 50.543 | 500 | 700 |
| Zuschauerzahlen | 61.000 | 300 | 1000 |
| Aktuelle Liga | Bundesliga | Verbandsliga Gruppe 2 | Oberliga Westfalen |

Zusammengestellt nach: 100 Jahre Schalke, a. a. O.

— Arbeitsvorschläge —

1) Charakterisiere Gelsenkirchen als Industriestandort.
2) Zeige die Entwicklung im deutschen Bergbau auf und suche Gründe dafür.
3) Welche Aussagen lassen sich an Hand der Materialien M1–7 über das Selbstverständnis des Vereins Schalke 04 ableiten? Liste die Gemeinsamkeiten auf.
4) Charakterisiere an Hand von M7, M8 und M11 das Verhältnis von Bergwerk und Fußballverein.
5) Vergleiche an Hand von M7, M10 und M11 die drei Vereine miteinander.
6) Erörtere, welches Image der Steinkohlebergbau auf Grund der Abbau- und der Verarbeitungsbedingungen hat. Berücksichtige dabei auch das Foto von Youri Mulder. (M9)
7) Überlege, warum der Verein Schalke 04 auch heute noch bewusst auf die Bergwerkstradition setzt.

# Die Entwicklung der Stadt Gelsenkirchen

Gelsenkirchen entstand aus der Zusammenlegung mehrerer Ortschaften und erhielt, nachdem es in den 1870er-Jahren zu einem Zeitraum der Schwerindustrie herangewachsen war, 1875 das Stadtrecht. 1930 wohnten rund 340.000 Menschen in Gelsenkirchen. Seinen bisherigen Höhepunkt erreichte die Stadt im wirtschaftlichen „Nachkriegswunder" mit über 390.000 Einwohnern 1959.

### 1 Steinkohle im Überblick

| | Einheit | 1957 | 1970 | 1980 | 1990 | 2000 |
|---|---|---|---|---|---|---|
| Steinkohleförderung | Mio. t | ca. 150 | 113,7 | 87,9 | 71,0 | 34,3 |
| Bergwerke | Anzahl | 173 | 69 | 39 | 27 | 12 |
| Beschäftigte | 1.000 | 607,3 | 252,7 | 186,6 | 130,3 | 58,1 |

### 2 Entwicklung von Gelsenkirchen
#### a) Bevölkerung

### b) Arbeitsplätze in Gelsenkirchen

| Jahr | Verarbeitendes Gewerbe | Bergbau | Bauhaupt-gewerbe |
|---|---|---|---|
| 1975 | 34.973 | 16.037 | 3.362 |
| 1985 | 23.898 | 12.071 | 2.464 |
| 1995 | 19.791 | 3.914 | 1.849 |
| 2004 | 12.360 | 0 | 680 |

### c) Arbeitslosenquote in Gelsenkirchen

| Jahr | Arbeitslosenzahlen |
|---|---|
| 1975 | 6,8 % |
| 2005 | 23,2 % |

### 3 Luftbild Gelsenkirchen 2005

### d) Bevölkerung Herne

| Jahr | Einwohner |
|---|---|
| 1961 | 220404 [1] |
| 1975 | 192.400 |
| 2002 | 173.645 |

### e) Arbeitslosenquote in Herne

| Jahr | Arbeitslosenzahlen |
|---|---|
| 2000 | 15,2 % |
| 2001 | 15,0 % |
| 2005 | 18,4 % |

[1] Dieser Zahl sind die Einwohnerzahlen Wanne-Eickels von 1961 zugerechnet. Wanne-Eickel wurde im Zuge der kommunalen Neugliederung in den 70er-Jahren der Stadt Herne zugeschlagen.

M1 und M2 zusammengestellt vom Autor nach: www.gelsenkirchen.de (17.10.05)

---

**Arbeitsvorschläge**

1) Welche Entwicklung hat die Stadt Gelsenkirchen zu verzeichnen?
2) Welcher Zusammenhang besteht zwischen dem Bergbau und der städtischen Entwicklung?
3) Vergleiche die Entwicklung Gelsenkirchens mit der Entwicklung Hernes.

# Die Entwicklung des FC Schalke 04

Der Arbeiterverein „Schalke 04" stieg in den 1930er-Jahren zum erfolgreichsten deutschen Fußballclub auf. Trotz zahlreicher Krisen und Skandale ist er einer der größten Vereine der deutschen Fußballlandschaft.

**1** Glossierende Zeichnung über die ersten 30 Jahre durch den Karikaturisten Curt Müller

**2** Bilanz des FC Schalke 04

**Deutscher Meister:**
1934–1935–1937–1939–1940–1942–1958

**Deutscher Pokalsieger:**
1937–1972–2001–2002

**UEFA-Cup-Sieger:** 1997

**Deutscher Vizemeister:**
1933–1938–1941–1972–2001–2005

**Westdeutscher Meister/ Westfalenmeister:**
1929–1930–1932–1933–1934–1935–1936–1937–1938–1939–1940–1941–1942–1943–1944–1951–1958

**Pokalfinalist:**
1935–1936–1941–1942–1955–1969–2005

**3** Christoph Pieper von der Presse- und PR-Abteilung von Schalke 04:
Bei einer Untersuchung über das Fan-Verhalten ist festgestellt worden, dass der Durchschnitt der Zuschauer zu den Heimspielen auf Schalke einen Anreiseweg von durchschnittlich 100km hat.
Interview des Autors mit Christoph Pieper am 16.08.2005

**4** Der Schalke-Fan Josef Franz Rave
*ist 1911 geboren und wohnhaft in Ramsdorf, westliches Münsterland, ca. 50 km von Gelsenkirchen entfernt:*
Schon in den 30er-Jahren gab es im Dorf einen Club von Schalkeanhängern, die öfter auch mit einem gemieteten Bus nach Gelsenkirchen zu den Spielen fuhren. Das war damals eigentlich eine Weltreise. Man wollte die Schalker spielen sehen. Man las immer vom Schalker Kreisel, was für ein Wunderwerk das war, und das wollte man sehen. Und nachdem sie es gesehen hatten und Schalke damals auch dauernd gewann, sind sie Schalker geworden, also waren für Schalke.
Interview des Autors mit Josef Franz Rave am 14.08.2005

**5  Der Nationalspieler Paul Breitner über Schalke 04:**

Für mich liegt die Faszination Schalke darin, dass dieser Verein etwas geschafft hat, was ich in Deutschland nur noch in München bei den Fans von 1860 erlebt habe – nämlich, dass man als Schalker oder 60er-Fan geboren wird. Und die sterben nicht aus.

Zit. nach: Röwekamp, G., Der Mythos lebt, a.a.O., S. 9

**6  Der Schalke-Fan Dominik Keseberg**

*ist 1980 geboren und wohnhaft in Attendorn, Sauerland, ca. 110 km von Gelsenkirchen entfernt:*

Warum ich Schalke-Fan bin: Ich vermute, dass mir mein Vater als erstes Wort „Schaaaaaalkeee" beigebracht hat! Bereits mit vier Jahren hat er mich erstmals mit ins Parkstadion genommen – damals war ich noch mehr mit meiner Schwenkfahne beschäftigt, – ein selbstgenähtes Exemplar an einem weiß angestrichenen Besenstiel –, als auf das Spiel zu achten (0:0 gegen Nürnberg; am Saisonende ist der S 04 abgestiegen)! Dieses Erlebnis war wohl ausschlaggebend für meine „königsblaue" Leidenschaft.

Interview des Autors mit Dominik Keseberg am 30.08.2005

**7  Im Kampf um den Abstieg**

**1964/65** Bundesliga, 16. Platz, der Abstieg wird durch Aufstockung der Liga verhindert
**1980/81** Bundesliga, 17. Platz, Abstieg (Wiederaufstieg 1982)
**1982/83** Bundesliga, 16. Platz, Abstieg nach verlorener Relegationsrunde gegen Bayer Uerdingen (mittlerweile Amateurlager)
**1984** Wiederaufstieg
**1987/88** Bundesliga 18. Platz, Abstieg
**1991** Wiederaufstieg

Zusammenstellung vom Autor

**8  Schatten auf Schalke 04**

**1930–1931** Sperre der gesamten ersten Mannschaft, da die Spieler gegen den so genannten Amateurstatus verstoßen haben, da sie Geld angenommen hatten. Auch andere Vereine hatten Geld gezahlt, kamen aber im Vergleich zu Schalke 04 entweder straffrei oder äußerst glimpflich davon. Gesperrt wurde nur die Mannschaft Schalkes.
**1961–1964** Steuerfahndung bei Schalke wegen „schwarzer Kassen", Verurteilung einiger Vorstandsmitglieder wegen Steuerhinterziehung
**1971–1978** Bundesligaskandal (u.a. Schalker Spieler haben ein Spiel verschoben, die Schalker Spieler werden vom DFB zeitweise gesperrt. Nachdem erst lebenslange

Sperren vorgesehen sind, werden sie rechtskräftig wegen eines Meineides verurteilt und danach noch einmal symbolisch für ca. vier Wochen gesperrt. Das letzte Urteil gegen einen Spieler erfolgt erst im Januar 1978. Der Club wird eine Zeit lang auch als „FC Meineid" tituliert.)

Zusammenstellung vom Autor

**9  Das erste Spiel nach der Sperre im Juni 1931:**

Das Spiel wird zur eindrucksvollen Demonstration der Einheit von Mannschaft und Anhängerschaft: Angeblich 70.000 Zuschauer strömten am frühen Abend dieses 1. Juni – immerhin ein Werktag – zur Glückauf-Kampfbahn [normales Fassungsvermögen 35.000] [...] Deutlicher ließ sich nicht dokumentieren, dass man die Rehabilitierung der Spieler als eigenen Sieg empfand [...] Die Sperre und ihr triumphales Ende hat Schalke zum Helden gemacht, mit dessen Kämpfen man sich identifiziert. Und aus dem Fußballmythos wird der Schalke-Mythos: Schalke ist zum Inbegriff der kleinen Leute [...] geworden, zum Underdog, der sich gegen alle Widerstände behauptet hat.

Zit. nach: Röwekamp, G., Der Mythos lebt, a.a.O., S. 86 ff.

**10  Schalker in der Welt**

Schalke hat in allen 16 Bundesländern eigene Fanclubs. Davon sind gut 600 Clubs im Schalker-Fan-Club-Verband (SFCV) direkt organisiert. Weitere mehr als 500 Fan-Clubs sind nicht direkt in diesem Verband organisiert, werden aber von Schalke aus betreut. Schalke 04 ist neben dem FC Bayern München der einzige Bundesligaverein mit einer bundesweiten Fan-Szene. Darüber gibt es in fast allen Staaten der Erde einen Schalke-Fan-Club, angefangen von Albanien bis hin zu Venezuela.

Zusammenstellung vom Autor

**11  Mitgliederzahlen „FC Gelsenkirchen-Schalke 04":**

| | |
|---|---|
| **1904:** 16 | **1984:** 5.100 |
| **1907:** 40 | **1990:** 10.000 |
| **1914:** 60 | **1996:** 16.500 |
| **1930:** 802 | **2002:** 29.000 |
| **1974:** 3.200 | **2005:** 50.543 |

Zusammenstellung vom Autor

**12  Joseph Blatter (Fifa-Präsident):**

Die Arena ist ein Pilotprojekt für den Stadionbau in der ganzen Welt [...] und könnte sogar als „Sechs-Sterne-Stadion" bewertet werden.

Zit. nach: Voss, G., Spiegel, T., Seveneick, J. (Hg.), 100 Schalker Jahre, a.a.O., S. 371

—— **Arbeitsvorschläge** ——

1) Vergleiche die Entwicklung der Stadt Gelsenkirchen und die Entwicklung des Vereins „FC Gelsenkirchen-Schalke 04".

2) Ordne die Anhängerschaft des Vereins Schalke 04 gesellschaftlich zu. Nenne Faktoren, die den Verein attraktiv machen. Welche Rolle spielt ein Generationen übergreifender Einfluss?

3) Nachdem der FC Bayern München in der Saison 2000/2001 im letzten Spiel in der Nachspielzeit noch einen Freistoß erhielt, den er dann verwandelte und damit Schalke 04 die Meisterschaft noch in gleicher Sekunde entriss, wetterte die Schalker Gemeinde wieder gegen den DFB. Erkläre, warum das Verhältnis von DFB und Schalke durchaus auch anders gesehen werden kann (M 8, M 9) und wie die einseitige Darstellung dem FC Schalke dennoch zugute kommt.

# 2. Von Bombern und Granaten –
# Der Nationalsozialismus erobert den Fußball

**„In der Einheitsfront des deutschen Sports marschierend" –
Felix Linnemann in „Fußball und Leichtathletik", 1934**

Der noch lange nach seiner Einführung in Deutschland Ende des 19. Jahrhunderts als „Fußlümmelei" bezeichnete Fußball war in der Weimarer Republik zum Massensport geworden. Der Sportsektor erfreute sich in den Jahren nach 1919 als Wehrersatz, durch den man die Bestimmungen des Versailler Vertrages umgehen konnte, großer Beliebtheit. Die Popularität des aus England importierten „Football" lässt sich allein daran erkennen, dass die Anzahl der beim DFB registrierten Vereine sich in den Jahren 1920 bis 1930 von 3.000 auf 8.000 erhöhte (zum Vergleich: 2000 knapp 27.000 Vereine). Abseits des bürgerlichen DFB bolzten etwa noch einmal so viele Mitglieder im Arbeiter-Turn-und-Sportbund (ATSB, 1930: 8.000 Mannschaften), der katholischen DJK (damals: Deutsche Jugend-Kraft) und den jüdischen Sportverbänden.

Der Machtantritt der Nationalsozialisten am 30. Januar 1933 bedeutete schon bald auch für die äußerst heterogene Fußballlandschaft tief greifende Veränderungen. Die Funktionäre des Sportdachverbandes DRA, dem auch der DFB angehörte, erkannten frühzeitig die Zeichen der neuen Zeit. Durch Ergebenheitsadressen an die neue politische Führung und eine vollkommene Abschottung gegen den unter Druck stehenden kommunistischen Arbeitersport versuchten sie sich mit der NSDAP gut zu stellen. Auch an der sogenannten „Führerspende" zum Geburtstag Adolf Hitlers beteiligte man sich 1933 mit 5.000 Reichsmark.

Auf einer Verbandstagung des DRA am 12. April 1933 entschloss sich der Vorsitzende Theodor Lewald, selbst jüdischer Abstammung, zum Rücktritt von allen Ämtern. Auf Wunsch des Reichsinnenministers verzichtete der Verband auf eine Neuwahl, die Geschäfte wurden fortan von einer Kommission weiter geführt, in der auch der DFB-Präsident Felix Linnemann saß.

Dieses Verhalten kam den Plänen der NS-Regierung entgegen, und am 28. April 1933 ernannte Hitler Hans von Tschammer und Osten, einen SA-Mann und NSDAP-Reichstagsabgeordneten, zum Reichssportkommissar, der die rasche Umgestaltung der deutschen Sportlandschaft nach dem Führerprinzip vorantrieb. Bereits am 10. Mai 1933 beschloss daraufhin der DRA seine Selbstauflösung. DFB-Präsident Felix Linnemann wurde zum Dank für seine Kooperation Leiter der neu geschaffenen „Reichsfachschaft Fußball", einer fortan parallel zum Deutschen Fußballbund existierenden Organisation. Auch die anderen Fußballverbände konnten ihre Eigenständigkeit nicht länger bewahren. Der Arbeiter-Turn-und-Sportbund wurde auf der Grundlage des Gesetzes über die Einziehung volks- und staatsfeindlichen Vermögens vom 14. Juli 1933 aufgelöst. Die Mitglieder fanden allmählich und nur unter großen Repressionen Aufnahme in den Vereinen des DFB. Nach der Auflösung der katholischen DJK am 23. Juli 1935 gab es in Deutschland nur noch eine gleichgeschaltete Fußballorganisation.

Diese war Teil des Deutschen Reichsbundes für Leibesübungen (DRL), einer aus 21 Fachämtern und Verbänden bestehenden Dachorganisation unter Leitung des nunmehr als „Reichssportführer" titulierten Hans von Tschammer. Zuständig für den deutschen Vereinsfußball war das Fachamt Fußball, Kricket und Rugby, auch wenn der DFB zur Pflege internationaler Beziehungen (vor allem zum Weltfußballverband FIFA) formal bestehen blieb. Die sieben einst einflussreichen Landesverbände des DFB mussten sich in 16 Reichsgaue umorganisieren. Außerdem erhielten alle Vereine eine Einheitssatzung nach dem Führerprinzip, wobei der mächtige Vereinsführer vom jeweiligen Gausportführer einzusetzen war.

Die nationalsozialistische Prägung des Fußballs beschränkte sich aber keineswegs auf die Einführung des Führerprinzips. Von 1934 an war es für die Sportler verpflichtend, vor dem Spiel den „deutschen Gruß" zu zeigen. Eine Verweigerung konnte mit lebenslanger Sperre bestraft werden. Auch die Jugendarbeit der Vereine wurde mit der Hitlerjugend (HJ) verwoben. Nach einem Beschluss vom 28. Juli 1936 durften

**DFB-Präsident Linnemann mit Nationalspielern**

DFB-Präsident Linnemann im Gespräch mit Fritz Szepan vor dem Länderspiel gegen Italien am 15. November 1936 im Berliner Olympiastadion. Linnemann versuchte, das DFB-Team zur Weltspitze zu bringen und setzte dabei seine Mannschaftsaufstellungen nach dem Führerprinzip durch.

Jugendliche nur dann Mitglied eines Fußballvereins werden, wenn sie zugleich in der HJ waren. Die 10- bis 14-Jährigen hatten überhaupt keine Alternativen zum Sportangebot der NS-Organisation „Jungvolk".

Der Umgestaltung des Sports im nationalsozialistischen Sinn wurde weder vom DRA noch von DFB-Funktionären viel entgegen gesetzt. Obwohl die wenigsten von ihnen vor 1933 NSDAP-Mitglieder gewesen waren, bemühten sie sich darum, sich mit der neuen Führung zu arrangieren und traten bald auch der NSDAP bei.

Während Arbeitersport und konfessionelle Mannschaften unter den Nationalsozialisten verboten wurden, erlebten jüdische Sportorganisationen zwischen 1933 und 1938 eine (unfreiwillige) Blütezeit. Zwar hielten sich die Nationalsozialisten aus Angst vor einem internationalen Boykott der Olympischen Spiele 1936 mit allzu repressiven Maßnahmen zurück, aber dennoch wurde der Bewegungsspielraum für die über 40.000 jüdischen Aktiven, die 1933 in deutschen Sportvereinen Mitglied waren, nach der „Machtergreifung" enger. Die antisemitischen Äußerungen des Reichssportkommissars wussten viele Vereine so zu deuten, dass sie in „vorauseilendem Gehorsam" den Ausschluss ihrer jüdischen Mitglieder forcierten. War das Schimpfwort „Judenclub" auch schon vor 1933 in den Stadien zu hören gewesen, so mussten Vereine, die es wagten, weiterhin Juden aufzunehmen, nun auch mit der Kürzung städtischer Zuschüsse rechnen. Das „Gesetz zur Wiederherstellung des Berufsbeamtentums" vom 7. April 1933 ermöglichte es, so genannte „Ehrenbeamte" wie etwa Sportfunktionäre aus dem Amt zu entfernen, wenn sie jüdische Vorfahren hatten. Nachdem viele Vereine schon aus Eigeninitiative „Arierparagraphen" erlassen hatten, machten es die Nürnberger Rassegesetze für Juden unmöglich, in den Vereinen des DRL Sport zu treiben.

Stattdessen traten viele von ihnen in die zionistisch geprägte Makkabi-Sportbewegung oder die „Schild"-Vereine des Reichsbundes jüdischer Frontkämpfer, einer deutschnationalen Veteranenorganisation, ein. Beide Verbände hatten vor 1933 ein Dasein im Schatten der Massenorganisationen DFB und ATSB geführt. Das größte Problem war es nunmehr, Spielplätze für die zahlreichen neu gegründeten Mannschaften zu finden, denn die Städte weigerten sich, jüdischen Teams Rasenflächen zur Verfügung zu stellen. Von daher mussten diese oft erst unter großem Engagement der Vereinsmitglieder gebaut werden.

Waren Freundschaftsspiele zwischen deutschen und jüdischen Mannschaften anfangs noch geduldet, so wurden sie noch im Laufe des Jahres 1933 verboten. Es gründete sich ein separater Ligabetrieb, so dass ab der Saison 1933/34 eigene Meister ermittelt werden konnten (Makkabi: Bar Kochba-Hakoah Berlin, Schild: Jüdische Sport-Gemeinschaft Berlin). Die Bedingungen für Wettkämpfe verschlechterten sich allerdings im Verlauf der dreißiger Jahre immer mehr, da viele Aktive aus Deutschland emigrierten und die Ligen sich stark verkleinerten. Die letzten Meister wurden für die Saison 1937/38 ermittelt. Nach der Reichspogromnacht vom 9. auf den 10. November 1938 wurde den Juden im Deutschen Reich jede sportliche Betätigung untersagt.

Dass der Antisemitismus der Nazis vor niemandem Halt machte, lässt sich am Schicksal der beiden jüdischen Ex-Nationalspieler Gottfried Fuchs und Julius Hirsch verdeutlichen. Fuchs, der bis heute den Rekord für die meisten Tore eines deutschen Nationalspielers in einem Spiel hält (zehn Treffer

**Die deutsche Nationalmannschaft mit Hitler-Gruß vor dem Spiel gegen England am 4. Dezember 1935 im Wembley-stadion.**

am 1. Juli 1912 beim 16:0 gegen Russland), konnte 1937 mit seiner Familie über die Schweiz und Paris nach Kanada emigrieren. Dieses Glück war seinem Glaubensgenossen und ehemaligen Teamkameraden Julius Hirsch nicht beschieden. Am 17. Dezember 1911 debütierte er als erster Nationalspieler jüdischen Glaubens, sechs weitere Länderspiele folgten. 1933 kam er seinem Ausschluss aus dem Verein durch Austritt zuvor und trat mit 43 Jahren noch dem Turnklub 03 Karlsruhe bei. Dem Fußball gehörte sein Leben und so suchte er in den Folgejahren vergeblich einen Trainerjob in Frankreich und der Schweiz. Noch 1943 bot ein befreundeter Lokomotivführer dem inzwischen zum Arbeitseinsatz eingeteilten Hirsch an, ihn aus Deutschland herauszubringen. Er lehnte ab und wurde vermutlich im KZ Auschwitz ermordet.

Auch die Spiele der Fußballnationalmannschaft wurden zu einem Politikum. Das erste Länderspiel des nationalsozialistischen Deutschlands fand nach den Märzwahlen 1933 ausgerechnet gegen den „Erbfeind" Frankreich statt (Ausgang 3:3). Propagandistisch wurde das Match, wie auch folgende Begegnungen, zur Präsentation Deutschlands als einer friedliebenden Kulturnation genutzt. Gleichzeitig zogen NS-Symbole in der Folgezeit in die Stadien ein: die Hakenkreuzfahnen, der Hitlergruß vor dem Spiel, das Horst-Wessel-Lied im Anschluss an die Nationalhymne.

Otto Nerz, seit 1926 Nationaltrainer sowie seit 1933 SA-Scharführer, und seine Mannschaft konnten bei der WM in Italien 1934 erste Erfolge feiern. Die Deutschen belegten einen sensationellen dritten Platz, wobei sie das österreichische „Wunderteam" mit 3:2 besiegten. Nach weiteren Erfolgen in den folgenden Jahren musste der ob seiner Trainingspraxis

**Sepp Herberger lässt Nachwuchsspieler antreten, 1938**

umstrittene Nerz seinen Trainerposten nach der enttäuschenden 0:2-Niederlage gegen Norwegen bei den Olympischen Spielen 1936 in Berlin räumen. Nachfolger war sein langjähriger Assistent Sepp Herberger. Dieser formierte im Jahr 1937 die berühmte „Breslau-Elf", so genannt wegen des überragenden 8:0 Sieges gegen Dänemark am 16. Mai 1937 in Breslau. Die Mannschaft wurde ebenso wie Österreich als einer der Favoriten für die WM in Frankreich 1938 gehandelt. Politische Ereignisse sorgten jedoch für eine völlig neue Ausgangssituation.

Der „Anschluss" Österreichs am 13. März 1938 führte zu einer Gleichschaltung des österreichischen Fußballs, die durch ein letztes „Anschlussspiel" des deutschen Teams gegen die Mannschaft der nun so genannten Ostmark vollzogen werden sollte. Das Spiel wurde zu einer politischen Demonstration: Der österreichische Spielführer Matthias Sindelar bestand darauf, noch einmal in den Farben Rot-Weiß-Rot aufzulaufen, und die deutsche Mannschaft wurde durch Tore Sindelars und Sestas deutlich mit 2:0 geschlagen. Der Reichssportführer von Tschammer und Osten klagte daraufhin über einen untragbaren „Austria-Nationalismus".

**Die „Breslau-Elf", 1937**

Für die WM träumte Herberger davon, seine Mannschaft um zwei oder drei Österreicher, auch den überragenden Sindelar, zu ergänzen. Seine Pläne wurden aber auf zweifache Weise durchkreuzt. Zum einen verweigerte sich Sindelar mit Hinweis auf sein fortgeschrittenes Alter den Nationalsozialisten, die er verabscheute. Zum anderen teilte DFB-Präsident Linnemann Herberger mit, von höchster Stelle sei eine im Verhältnis sechs zu fünf oder fünf zu sechs aus deutschen und österreichischen Spielern gebildete Elf erwünscht, damit es eine wahrhaft „großdeutsche" Mannschaft sei. Fußballexperten warnten vor einem solchen Experiment, sie hielten die beiden Spielsysteme für inkompatibel. Während Deutschland athletisch und mit konsequenter Manndeckung auftrat, war das österreichische Spiel durch ein hohes technisches Niveau mit vielen Kurzpässen geprägt.

In der Vorrunde der WM traf man zunächst auf die Schweiz. Die Stimmung der Pariser Zuschauer war deutlich von antideutschen Tönen bestimmt, und das Spiel ging am Ende 1:1 aus, wobei der mit einer roten Karte vom Platz gestellte Linksaußen Pescher sogar von den Fans bespuckt wurde. Das fällige Wiederholungsspiel verloren die Deutschen in einem Hexenkessel nach einer 2:0-Führung noch mit 2:4, der Traum vom Titel war schon in der ersten Runde geplatzt. Im Jahr 1939 kam die Nationalelf noch auf 15 Spiele. Nach Kriegsausbruch wurden aber die meisten Spieler eingezogen, Freundschaftsspiele gegen neutrale oder besetzte Länder kamen nur noch selten zustande, bis der Spielbetrieb schließlich ganz eingestellt wurde.

## Einsatz im Unterricht

Das nationalsozialistische Deutschland wird im Unterricht und in der Literatur immer wieder als ein Staat mit totalitärer Ideologie beschrieben. Es ist das erklärte Ziel solcher Systeme, alle gesellschaftlichen Bereiche wie etwa auch den Massensport ihren Interessen unterzuordnen. So gab es im Nationalsozialismus Bemühungen, das Fußballspiel für Staats- und Parteiziele zu instrumentalisieren. Die Arbeitsblätter dieses Kapitels beschäftigen sich daher unter fußballerischen Gesichtspunkten mit Themen, die bei der Behandlung des Nationalsozialismus im Geschichtsunterricht eine wichtige Rolle spielen.

Die einzelnen Arbeitsblätter sollen dabei veranschaulichen, wie sehr sich der nationalsozialistische Staat in die einzelnen Gesellschaftsbereiche einmischte, um diese schließlich zu kontrollieren und für die Parteiziele zu benutzen. Sie können zu den einzelnen Themen im Unterricht eingesetzt werden und sind jeweils inhaltlich abgeschlossen.

Arbeitsblatt 1 beschäftigt sich mit dem Phänomen der „Gleichschaltung", hier am Beispiel des Sportdachverbandes Deutscher Reichsausschuss für Leibesübungen (DRA) und natürlich des Deutschen Fußball-Bundes (DFB). Die Quellen sollen illustrieren, wie sich die Verbände der Nazi-Ideologie anpassten (M1, M2), wie rasch sich der Wandel in den Vereinen vollzog (M4) und wie weitreichend, bis hin zum Jugendsport, die Nationalsozialisten ihre Macht über den Sport ausdehnten. Der einzelne Hobbyfußballer wurde zugleich in die Parteiorganisationen gezwungen (M5). Im Vergleich mit der heutigen Vereinslandschaft kann man den Schülern verdeutlichen, wie sehr der Sport mit der Politik verknüpft war.

Das Arbeitsblatt 2 stellt dar, wie antisemitische Maßnahmen des NS-Staates Juden aus allen Gesellschaftsbereichen herausdrängten und Menschen jüdischen Glaubens gezielt isolierten. Hierbei geht es zunächst um den nationalsozialistischen Rassismus, der die Juden als vermeintlich physisch schwächere Rasse vom Sport fernhalten wollte (M1, M5). Ebenso wird gezeigt, wie die jüdischen Sportler auf den wachsenden Antisemitismus in den Vereinen reagierten und wie die zum Teil zunächst zurückhaltenden Vereine schließlich dem Druck von oben nachgaben (M2, M3). Die Beschäftigung mit den Alltagsproblemen des Sports in jüdischen Vereinen (M6) veranschaulicht die rasche Ausgrenzung der Juden und ihre Isolierung von der restlichen Sportgemeinschaft.

Das dritte Thema ist eng mit der Außenpolitik des Dritten Reichs verbunden und handelt vom Anschluss Österreichs. Die Quellen verdeutlichen, wie die gegen jedes bessere Wissen aus den beiden Nationalteams zusammengewürfelte „großdeutsche" Elf zur propagandistischen Inszenierung des Deutschen Reichs bei der Fußball-WM 1938 genutzt werden sollte (M1, M2). Der Sport, von den Nazis selbst mit politischer Bedeutung aufgeladen, wurde von Schweizern (M3) und auch dem Pariser Publikum (M5, M6) genutzt, der Abneigung gegenüber dem nationalsozialistischen Staat und seiner aggressiv expansionistischen Außenpolitik Ausdruck zu verleihen.

Die Bearbeitung der Aufgaben soll die Schüler schließlich in die Lage versetzen, Kennzeichen der Herrschaft im Nationalsozialismus in Alltagszusammenhängen zu erkennen und ihre Bedeutung für gesellschaftliche Gruppen (Arbeitersportler, Juden) wie auch Individuen (siehe Julius Hirsch) zu verstehen. Das Beispiel Fußball – im weiteren Sinn Sport allgemein – ist hierfür besonders geeignet, da es den Schüler in seinem Alltagserleben anspricht und es ihm ermöglicht, die historische Situation mit den heutigen Bedingungen zu vergleichen. Hierdurch werden eher abstrakte Begriffe wie „Gleichschaltung" oder „Antisemitismus" in einen historischen Zusammenhang gestellt, der den Schüler ihre Bedeutung besser verstehen lässt. Bei entsprechendem Interesse in der Klasse lässt sich die Arbeit in Projekten vertiefen, in deren Rahmen die Schüler versuchen, etwas über die Geschichte lokaler Vereine im Nationalsozialismus herauszufinden.

# Gleichschaltung des DFB nach der „Machtergreifung"

Nach der Machtübertragung auf die Nationalsozialisten am 30. Januar 1933 bemühten sich viele Vereinsfunktionäre, den Vorstellungen der neuen Staatsführung gerecht zu werden. Andersdenkende wurden häufig abgesetzt und Vereine wie auch Verbände nach nationalsozialistischen Vorgaben umstrukturiert.

**1 SA-Sportführer Bruno Malitz, Anfang April 1933**
Franzosen, Belgier, Polacken, jüdische Nigger, alle sind sie auf deutschen Rennbahnen gelaufen, haben auf deutschen Fußballplätzen gespielt und sind in deutschen Schwimmbecken geschwommen. Alle diese Ausländer haben auf unsere Kosten eine herrliche Zeit gehabt. Die Förderer des Sports (in der Weimarer Republik) haben das Geld bedenkenlos ausgegeben, um die internationalen Verbindungen Deutschlands mit seinen Feinden noch enger zu machen.
Zit. nach: Fischer, G.,Lindner, U., Stürmer für Hitler, Vom Zusammenspiel zwischen Fußball und Nationalsozialismus, Göttingen 1999, S. 190

**2 Offizielle Bekanntmachung des DFB im Kicker vom 19. April 1933**
Die Vorstände des DFB und der DSB halten Angehörige der jüdischen Rasse, wie auch Personen, die sich in der marxistischen Bewegung herausgestellt haben, in führenden Stellungen der Verbandsinstanzen und der Vereine für nicht tragbar. Die Vereinsvorstände werden aufgefordert, die entsprechenden Maßnahmen, soweit diese nicht bereits getroffen sind, zu veranlassen.
Zit. nach: Fischer, G., Lindner, U., Stürmer für Hitler, a.a.O. S. 192

**3 Fußballbegeisterte in Deutschland mit NS-Gruß**

**4 Der neue Sportführer von Eintracht Frankfurt und spätere SA-Sturmführer Hans Söhngen im Dezember 1933**
Die nationalsozialistische Revolution konnte auch vor dem deutschen Sporte, der im liberalistischen Zeitalter vielfach falsche Wege gegangen war, nicht Halt machen. Darum muss sich jeder, der zum heutigen Sport eine Beziehung hat, klar darüber sein, dass er sich entweder freudig und vorbehaltlos zur Verfügung stellt, oder aber – wenn er das nicht fertig bringt – ein und für allemal von der Bildfläche verschwindet. Die Zeit fauler Kompromisse ist vorbei. Der Weg den wir alle, den somit auch die Sportgemeinde Eintracht zu gehen hat, ist klar vorgeschrieben.
Zit. nach: Fischer, G., Lindner, U., Stürmer für Hitler, a.a.O. S. 204

**5 Abkommen zwischen dem Reichsjugendführer Baldur von Schirach und dem Reichssportführer Hans von Tschammer und Osten vom 28. Juli 1936**
A) Deutsches Jungvolk
1. Der Reichsjugendführer und der Reichssportführer stimmen überein, dass die gesamte körperliche, charakterliche und weltanschauliche Erziehung aller Jugendlichen bis zu 14 Jahren ausschließlich im deutschen Jungvolk erfolgt.
2. Aus diesem Grund führen die Vereine des Deutschen Reichsbundes für Leibesübungen keine eigenen Jugendabteilungen für Jugendliche im Alter bis zu 14 Jahren. Der Reichssportführer veranlasst, dass alle noch in den Organisationen des Deutschen Reichsbund für Leibesübungen stehenden Jugendlichen in das Deutsche Jungvolk eintreten.
B) Hitler-Jugend
1. Zur Förderung der sportlichen Leistungen und zur Sicherung des Nachwuchses des Deutschen Reichsbundes für Leibesübungen ist die Betätigung aller sportlich veranlagten Jugendlichen im Alter von 14 bis 18 Jahren in den Vereinen des Deutschen Reichsbundes für Leibesübungen erwünscht. Der Deutsche Reichsbund für Leibesübungen verpflichtet sich, seine Jugendlichen im Rahmen des vom Jugendführer des Deutschen Reiches gegebenen Erziehungsprogramms zu erziehen.
2. Vorraussetzung für die Beteiligung von Mitgliedern der HJ an der Ausbildung in den Vereinen des Deutschen Reichsbundes für Leibesübungen ist die Inangriffnahme des Trainings für das Leistungsabzeichen der HJ, das mit abgeschlossenem 16. Lebensjahr erworben werden muss.
Zit. nach: Diem, C. (bearb. von Pfeiffer, L.), Der deutsche Sport in der Zeit des Nationalsozialismus, Köln 1980, S. 61

---

**Arbeitsvorschläge**

1) Wer soll nach Meinung des SA-Manns in Deutschland Sport treiben dürfen? (M1) Wie sieht die Position der Verbände dazu aus? (M2)
2) Wie müssen sich nach Söhngens Auffassung der deutsche Sport, der deutsche Sportler und die Vereine im Nationalsozialismus – im Vergleich zur Zeit vor 1933 – entwickeln? (M4)
3) Ein Jugendlicher will 1936 Fußball spielen. Welche Einrichtung steht ihm zur Verfügung? (M5)

# Antisemitismus im deutschen Fußball 1933 bis 1945

Auch im Sport machte sich der Antisemitismus zur Zeit der nationalsozialistischen Herrschaft deutlich bemerkbar. Juden mussten die Vereine des DFB verlassen und schlossen sich eigenen jüdischen Sportorganisationen an. Diese durften aber nicht auf öffentlichen Plätzen spielen, auch schrumpfte die Mitgliederzahl infolge der zunehmenden Auswanderungen nach Palästina und Übersee spürbar. Spiele gegen „deutsche" Mannschaften wurden schon 1933 untersagt. Der Antisemitismus des NS-Staates machte vor niemandem halt, noch nicht einmal vor dem prominenten Ex-Nationalspielern Julius Hirsch. Er konnte und wollte sich nicht ins Ausland flüchten und wurde während des Zweiten Weltkriegs in einem Konzentrationslager ermordet.

**1** **Antisemitische Karikatur aus der Wiener Zeitschrift Kikeriki (1887)**
„Wie sich ein Jude gegenwärtig verkleiden muss, um in einem deutsch-nationalen Turnverein Aufnahme zu finden.", in der Karikatur zu lesen.

**2** **Julius Hirsch an seinen Verein am 10. April 1933**
Ich lese heute im Sportbericht Stuttgart, dass die großen Vereine, darunter auch der KFV (Karlsruher FV, Julius Hirschs Verein) einen Entschluss gefasst haben, dass die Juden aus den Sportvereinen zu entfernen seien. Leider muss ich nun bewegten Herzens meinem lieben KFV, dem ich seit 1902 angehöre, meinen Austritt anzeigen. Nicht unerwähnt möchte ich aber lassen, dass es in dem heute so gehassten Prügelkinde der deutschen Nation auch anständige Menschen und vielleicht noch viel mehr national denkende und auch durch die Tat bewiesene und durch das Herzblut vergossene Juden gibt.
Zit. nach: Fischer, G., Lindner, U., Stürmer für Hitler, a.a.O., S. 9

**3** **Antwortschreiben des KFV – Nach Erlass der entsprechenden Richtlinien schließt der KFV Julius Hirsch dennoch aus dem Verein aus.**
Wir haben immer noch die Richtlinien des Sportkommissars abgewartet, die aber bis heute noch nicht erschienen sind. Unserer Auffassung nach besteht vorerst kein Anlass für Sie, aus dem KFV auszutreten. Wir würden es sehr bedauern, wenn wir Sie als altes und bewährtes Mitglied verlieren würden und bitten Sie daher, Ihre Austrittserklärung als nicht geschehen zu betrachten.
Zit. nach: Fischer, G., Lindner, U., Stürmer für Hitler, a.a.O., S. 201

**4** Zur deutschen Spitzenklasse vor dem 1. Weltkrieg zählten auch die beim Karlsruher FV spielenden jüdischen Spieler Gottfried Fuchs und Julius Hirsch. Fuchs gehörte auch zur Nationalmannschaft. Hier als 2. v. l. vor dem Spiel gegen Russland während der Olympischen Spiele 1912 in Stockholm.

**5** Aus einer Rundfunkrede des Reichssportkommissars Hans von Tschammer und Osten im Mai 1933

Für uns bedeuten die Leibesübungen Dienst am deutschen Menschen, Erhaltung und Pflege unserer Rasse. Ich will nicht über einen Kamm scheren, aber dass es dem jüdischen Turner und Sportler im neuen Deutschland nicht möglich ist, eine führende oder bestimmende Stellung einzunehmen, hat er unterdessen selbst eingesehen. Der arische Mensch ist einzig und allein berechtigt, führende und mitbestimmende Stellungen im deutschen Turn- und Sportwesen einzunehmen.

Zit. nach: Heinrich, A., Der deutsche Fußballbund, Eine politische Geschichte, Köln 2000, S. 142

**6** Der Lehrer Hans Bodenheimer in der Zeitschrift des „Reichsbundes jüdischer Frontkämpfer" vom 20. Juli 1934

In den kleinsten jüdischen Zwerggemeinden besteht kaum eine Möglichkeit, Sport zu treiben. In größeren und mittleren Landgemeinden gibt es eine Fülle von Arbeit zu bewältigen. Der Fußballsport bietet hier z. B. erhebliche Schwierigkeiten. Hat man nach viel Mühe elf Spieler beisammen, dann fehlen immer noch Ersatzspieler. Es darf unter keinen Umständen ein Spieler verletzt werden oder seine Mannschaft durch Wegzug verlassen. Schließlich fehlen auch noch die Gegner. Man muss viele Kilometer fahren, um überhaupt die Möglichkeit zu haben, einen Gegner zu finden. Hat man ihn gefunden, dann fehlt als weiteres Hindernis ein Sportplatz, auf dem ein Spiel ausgetragen werden könnte. Damit in engem Zusammenhang steht die Unmöglichkeit, ein regelmäßiges Training abzuhalten.

Zit. nach: Skrentny, W., Die Blütezeit des jüdischen Sports in Deutschland, Makkabi und Sportbund Schild, 1933–38, in: Schulze-Marmeling, D. (Hg.), Davidstern und Lederball, Die Geschichte der Juden im deutschen und internationalen Fußball, Göttingen 2003, S. 180 f.

---
**Arbeitsvorschläge**

1) Beschreibe die Karikatur (M1). Ziehe den Text M5 heran, um sie zu deuten. Welche Stellung sollen die Juden im Sport haben?
2) Wie reagiert Julius Hirsch auf die Ereignisse des Jahres 1933? Wie beurteilt ihr die Antwort seines Vereins? (M2, M3)
3) In welcher Situation befinden sich jüdische Sportler durch die Maßnahmen der NSDAP? Beschreibe die Schwierigkeiten, die Fußballer bei der Ausübung ihres Sportes haben. (M6)
4) Vergleiche die antisemitische Ausgrenzung im Sport mit der in anderen dir bekannten Bereichen.
5) Recherchiere über jüdische Spieler in deinem Lokalverein zwischen 1933 und 1945.

# 3 + 4 = 2? Die großdeutsche Nationalmannschaft bei der WM 1938

Der „Anschluss" Österreichs an Deutschland wurde auch im Fußball umgesetzt. Es gab ein so genanntes „Anschlussspiel" zwischen der deutschen Nationalmannschaft und dem als Ostmark bezeichneten österreichischen Team. Dieses Spiel gewannen die Österreicher in Wien mit 2:0. Nach der „Heimkehr" ins Reich musste sich die österreichische Nationalelf von der WM zurückziehen, da eine gesamtdeutsche Mannschaft auflaufen sollte. Weil beide Mannschaften noch bei der WM 1934 in Italien Dritter (D) bzw. Vierter (Ö) geworden waren, rechneten sich viele Fans Titelchancen aus. Der

Reichstrainer Sepp Herberger stand jedoch vor dem Problem, aus zwei guten Mannschaften eine einzige Elf zu formen, die auch noch aus politischen Gründen im Verhältnis sechs zu fünf bzw. fünf zu sechs mit Spielern aus beiden Teams besetzt werden sollte. Der beste Spieler Österreichs, Matthias Sindelar, weigerte sich für ein „Großdeutschland" zu spielen. Völlig uneingespielt schied Deutschland bereits in der ersten Runde gegen die Schweiz mit einem 1:1-Unentschieden und einer 2:4-Niederlage im Wiederholungsspiel aus.

### 1 Achtelfinalspiel Deutschland-Schweiz am 4. Juni 1938

### 2 Der Führer des Fachamts Fußball und DFB-Präsident Felix Linnemann an Sepp Herberger

Auch in unserem Fall muss nach außen hin der Zusammengehörigkeit mit den ins Reich heimgekehrten Österreichern sichtbarer Ausdruck gegeben werden. Es kann nur eine Mannschaft nach Frankreich gehen – und zwar eine großdeutsche.

Zit. nach: Grüne, H., 1933 bis 1945, Siege für den Führer, in: Schulze-Marmeling, D. (Hg.), Die Geschichte der Fußball Nationalmannschaft, Göttingen 2004, S. 100

### 3 Bericht der Gestapo über den Weg des deutschen Teams zur WM 1938

Von Winterthur bis fast nach Frauenfeld waren die Straßen von einer dichten Menschenmenge gesäumt, die die Wagen mit Schotter, Tannenzapfen, faulen Äpfeln, Bananenschalen und dergleichen bewarf, die Deutschen beschimpfte, laut johlte, die Wagen bespuckte, pfui, Rotfront und Freiheit schrie, dann Saupack, Sauschwaben

und Hitlerpack, die Zunge herausstreckte, lange Nasen machte und das Gesäß der Straße zustreckte. Eine johlende Menschenmenge versuchte, jedem vorüberfahrenden Auto die Hakenkreuzfahne mit Stöcken herunterzuschlagen, leider sehr häufig mit Erfolg.

Zit. nach: Leinemann, J., Sepp Herberger, Ein Leben, Eine Legende, Berlin 1997, S. 168

### 4 Sepp Herberger über die unsinnigen Vorgaben des Verbandes für die Mannschaftsaufstellung

Jede einzelne Mannschaft war besser als eine gemischte. Beide waren in ihren Spielauffassungen groß geworden, in Österreich spielte man ja anders als in Deutschland. Und wenn Spieler in einer bestimmten Spielauffassung groß geworden sind, wenn sie diese Auffassung auch selbst groß gemacht haben, dann können sie einen bestimmten Ansatz, auch wenn sie den besten Willen dazu haben, einfach nicht mehr umstellen.

Zit. nach: Leinemann, J., Sepp Herberger, Ein Leben, a.a.O., S. 148

### 5 Sepp Herbergers Kommentar nach dem Spiel über das 2:4 gegen die Schweiz

Wir haben in einem tobenden Hexenkessel verloren, in dem sich alles gegen uns verschworen hatte. Glauben Sie mir, es war eine furchtbare Schlacht, es war kein Spiel mehr.

Zit. nach: Grüne, H., 1933 bis 1945, Siege für den Führer, a.a.O., S. 105

### 6 Die „Neue Zürcher Zeitung" (NZZ) über das 4:2 der Schweiz gegen Deutschland am 9. Juni 1938

Das Fußball-Match Schweiz–Deutschland hatte über die sportlichen Bereiche hinaus Interesse geweckt, und sein bemerkenswerter Verlauf darf wegen der psychologischen Rückwirkung auf das Pariser Publikum auch unter der politischen Rubrik verzeichnet werden.

Zit. nach: Grüne, H., 1933 bis 1945, Siege für den Führer, a.a.O., S. 105

---

### Arbeitsvorschläge

1) Welche politischen Gründe gab es, die beiden Nationalmannschaften Deutschlands und Österreichs für die WM zusammenzulegen? Welche Probleme entstanden daraus (M2, M4)?
2) Auf welche Stimmung traf das deutsche Team bei seiner Anreise und auch im Stadion (M3, M5)? Welche politischen Gründe sind für diese Stimmung verantwortlich?
3) Welche „psychologischen Rückwirkungen" könnte der Reporter der NZZ meinen (M6)?
4) Weshalb waren die Spiele der Nationalelf für die Nationalsozialisten so wichtig? Denke hierbei auch an die nationalsozialistische Rassenideologie.

# 3. Wirtschaft und WM-Sieg – „Nachkriegswunder" im Doppelpack

**Moment der Entscheidung**

Rahn (am rechten Bildrand) schießt aus dem Hintergrund und erzielt den 3:2-Siegtreffer. Ungarns Torhüter Grosics hat keine Abwehrmöglichkeit.

Sehnten sich die Deutschen der Nachkriegszeit nach Übersinnlichem? Die Schlagworte der damaligen Zeit legen diesen Schluss nahe: Hier der mit dem Begriff des „Wirtschaftswunders" titulierte ökonomische Aufschwung, dort das „Wunder von Bern" – der Sieg im Fußball-WM-Finale 1954 gegen die als unbezwingbar geltende Elf der Ungarn.
Die heute vielleicht wunderlich klingende Begrifflichkeit hat sich über Jahrzehnte als feste Erinnerung manifestiert und gehört unabänderlich zum Selbstverständnis der frühen Bundesrepublik. Beide „Wunder" stehen für Entwicklungen, die in jener Zeit niemand für möglich gehalten hatte. Sie stehen aber ebenso für eine Mythenbildung rund um das Werden des westdeutschen Staates, für den Versuch das unerklärlich Scheinende zu verklären und zu mystifizieren. Denn ebenso wenig wie der im Inneren hart erarbeitete und von außen vehement unterstützte Wirtschaftsaufschwung der Bundesrepublik wundergleich entstand, war der Sieg der von der ungarischen Traumelf um Ferenc Puskas maßlos unterschätzten deutschen Elf im Endspiel der WM 1954 jenes ständig zitierte Mirakel.
Ungeachtet dessen, dass bei beiden Ereignissen vorwiegend irdische Kräfte am Werke waren, dürfen allerdings die psy

chologischen Effekte, den beide „Wunder" für das Selbstverständnis der Bundesrepublik bewirkten, nicht unterschätzt werden. Beim „Wirtschaftswunder" Erhard'scher Prägung liegen die Auswirkungen auf der Hand. Für die werdende Bundesrepublik und die zart keimende Blüte der Demokratie war die florierende Wirtschaft Motor und Stabilisator zugleich.
Doch welche Bedeutung auf dem Weg zur Festigung des jungen westdeutschen Staates hatte der Gewinn des WM-Titels? Kann dem Sieg im Berner Wankdorfstadion tatsächlich jene Geltung zugemessen werden, die ihm der Historiker Joachim Fest attestiert, wenn er die Auffassung vertritt, die Bundesrepublik habe drei Gründungsväter gehabt: Konrad Adenauer im politischen, Ludwig Erhard im wirtschaftlichen und den Spielführer der deutschen Nationalmannschaft, Fritz Walter, im mentalen Bereich?
Die folgende kleine Unterrichtseinheit geht dieser Frage nach und dem „Wunder von Bern" auf den Grund. Sie untersucht, wie es zur Mythenbildung rund um die Herberger-Kicker kam, welche Auswirkungen der Sieg der deutschen Elf hatte und welche Parallelen es zum Erhard'schen „Wirtschaftswunder" gibt.

— Einsatz im Unterricht —

## Einbettung der Einheit:

Die Unterrichtseinheit zum „Wunder von Bern" besteht aus zwei Unterrichtsstunden. Beide Stunden können selbstverständlich im Rahmen der in diesem Heft vertretenen Fußballgeschichte(n) unterrichtet werden. Mindestens ebenso sinnvoll erscheint eine Einbettung in den Kontext deutscher Nachkriegsgeschichte. Eine Anbindung beider Stunden an eine zuvor behandelte Thematik rund um das Entstehen der sozialen Marktwirtschaft in der Bundesrepublik scheint ideal, da den Schülern in diesem Fall bereits gewisse Vorkenntnisse zur Verfügung stehen, in die sie die nun erworbenen Erkenntnisse einordnen können.

## Möglicher Unterrichtsverlauf:

Ein **Einstieg** in die erste Stunde kann mittels einer OH-Folie der Vorlage auf S. 23 erfolgen. Hier bieten sich zwei Varianten an: Als erstes kann das Foto präsentiert werden. (Es zeigt die Einfahrt des Zuges der Weltmeister-Elf in den Bahnhof Singen nach dem Gewinn des WM-Titels. Singen war die erste deutsche Station auf dem Heimweg der Herberger-Truppe.) Aufgabe der Schüler: das Bild erschließen, es zeitlich einordnen, Vermutungen anstellen, was auf dem Foto erkennbar ist. Anschließend können einzelne Zeitungsausschnitte auf dem OH-Projektor freigelegt werden, so dass sich allmählich ein deutliches Bild vom Thema ergibt. Alternativ kann auch zunächst über einzelne freigelegte Zeitungsschlagzeilen das Thema der Stunde vermutet und schließlich erschlossen werden, ehe das Bild vom Bahnhof Singen den Kontext ergänzt. Die Schüler sollen eine geeignete Überschrift für das Foto finden. Im nun folgenden **Unterrichtsgespräch** können die Schüler ihr Vorwissen aktivieren und erste Wertungen zu den Überschriften abgeben.
Es folgt die **Erarbeitung** des Themas über den Verfassertext des ersten Arbeitsblattes und die Textquelle M4.

Anschließend schriftliche Bearbeitung der Aufgabe 2. Nun bietet sich die gemeinsame Lektüre der Textquelle M2 an mit einem Unterrichtsgespräch über den Inhalt dieser Quelle (vgl. Aufgabenstellung 1). Wesentliche Aussagen der Delius-Quelle können in Stichworten an der Tafel festgehalten werden.
Den **Abschluss der Stunde** bildet ein Vergleich der Schilderung Delius' mit der erneut auf den OH-Projektor zu legenden Folie unter der Fragestellung: „Wie sind Jubel und Begeisterung über den Sieg bei der WM 54 zu erklären?"

**Einstieg zweite Stunde:** In ein Tafelbild unter der Überschrift „Das doppelte Wunder?" (siehe unten) wird über die linke „Spielhälfte" der Begriff „Wirtschaftswunder" und über die rechte „Spielhälfte" der Begriff „Wunder von Bern" geschrieben, anschließend Unterrichtsgespräch über Bedeutung und Aussage der Begriffe (Anknüpfen an Vorwissen aus der vorangegangenen Stunde). Thematisierung des Ausdrucks „Wunder" im Zusammenhang mit beiden Ereignissen, Einschätzung durch die Schüler, inwieweit der Begriff „Wunder" berechtigt ist und wie er entstanden sein könnte. Füllen des Tafelbildes je nach individueller Schwerpunktsetzung im Unterricht.
Anschließend **Erarbeitung** über die Lektüre der Textquellen M5–7. Dazu wird die Klasse in zwei Gruppen aufgeteilt. Schriftliche arbeitsteilige Bearbeitung der Fragen 3 und 4. Besprechung im anschließenden **Unterrichtsgespräch**, dabei Ergänzung des Tafelbildes. **Abschließend** Diskussion über die Fragestellung des Tafelbildes.
Mögliche Hausaufgabe: Frage 5 und Frage 6.

## Tafelbild

### Das doppelte Wunder?

| | „Wirtschaftswunder" | „Wunder von Bern" |
|---|---|---|
| **Ereignis:** | Wirtschaftlicher Aufschwung in der Bundesrepublik | Sieg im WM-Finale 1954 |
| **Möglich durch:** | – günstige Lage der Weltwirtschaft<br>– Kredite des Marshall-Plans<br>– viele gut ausgebildete Arbeitskräfte | – Ungarns Star-Elf unterschätzt das deutsche Team<br>– Kämpferisch starkes Spiel der Mannschaft um Fritz Walter |
| **Bedeutung:** | – Nachhaltige Stabilisierung der jungen parlamentarischen Demokratie durch wirtschaftlichen Wohlstand | – Möglichkeit der Identifikation mit dem jungen Staat<br>– Freude über Titelgewinn ermöglicht kurzfristigen Ausbruch aus hartem Alltagsleben |

„Das Wunder von Bern"

„WIR SIND WELTMEISTER!"

„Die Helden von Bern"

„Wir sind wieder wer"

„Ewig strahlen diese elf Sterne am Fußballhimmel Deutschlands"

oben: Zeitungsüberschriften; unten: Einfahrt des Zuges der Weltmeister-Elf in den Bahnhof Singen

# „Wunder von Bern"

„Aus dem Hintergrund müsste Rahn schießen." Der Radio-Kommentator wird lauter: „Rahn schießt!" Pause. Dann mit sich fast überschlagender Stimme: „Tor, Tor, Tor, Tor, … Tor für Deutschland!" Der Live-Bericht des Rundfunk-Reporters Herbert Zimmermann vom Finale der Fußball-WM 1954 in der Schweiz verursacht noch heute ein Gänsehaut-Gefühl. Fünf Minuten vor dem Abpfiff des Endspiels im Berner Wankdorfstadion nahm der Essener Stürmer Helmut Rahn eine abgewehrte Flanke auf, umspielte einen Gegenspieler und schoss zum 3:2 in die lange Ecke des ungarischen Tores. Kurze Zeit später war die Begegnung aus und das Unvorstellbare geschehen: Deutschland war Fußball-Weltmeister. Diesen Sieg im Endspiel hatte kaum jemand für möglich gehalten, galt die ungarische Elf doch als haushoher Favorit. Die „goldene Mannschaft" der Ungarn war seit über vier Jahren unbesiegt. 1952 hatte das Team um Kapitän Ferenc Puskas bei den Olympischen Spielen in Helsinki die Goldmedaille gewonnen. Die deutsche Mannschaft dagegen durfte erst seit 1950 wieder international mitkicken. Noch in der Vorrunde der WM hatte sie mit 3:8 gegen die Ungarn verloren.

So war es auch für die Millionen Radiohörer in Deutschland eine Sensation, was sich am Abend des 4. Juli 1954 im Berner Wankdorfstadion ereignet hatte. Der Jubel über den unerwarteten Titelgewinn kannte kaum Grenzen. Bei ihrer Rückkehr aus der Schweiz wurden die Spieler um Mannschaftskapitän Fritz Walter wie Popstars gefeiert. Zehntausende Menschen standen am Bahndamm, auf Feldern und Brücken, um einen Blick auf den Sonderzug der Weltmeistermannschaft zu erhaschen. Auf dem Bahnhof Singen, dem ersten deutschen Halt auf der Rückreise, erwarteten rund 30.000 Menschen den Zug. Das waren weitaus mehr als in dem kleinen Städtchen wohnten.

Zurück in der Heimat wurden die Spieler begeistert gefeiert und mit Geschenken überhäuft. Dabei ließ sich auch die deutsche Wirtschaft nicht lumpen: Ob Fernseher, Kühlschrank, Motorroller, für jeden Verheirateten einen Staubsauger und für jeden Junggesellen eine Kaffeemühle, Damenstrümpfe für die Spielerfrauen oder ein halbes Jahr lang täglich einen halben Liter Milch – die bundesdeutschen Unternehmen ließen sich eine Menge einfallen, um auch ein wenig vom Glanz des WM-Titels zu profitieren. Schon bald darauf wurde das Ereignis überhöht. Vom „Wunder von Bern" und den „Helden von Bern" war die Rede. Zeitungen schrieben: „Nun sind wir wieder wer."

Dieser übermäßige Jubel über den Gewinn der WM scheint aus heutiger Sicht nur allzu verständlich: Neun Jahre waren erst seit Kriegsende und den Gräuel-Taten während der NS-Diktatur vergangen. Deutschland war weltweit moralisch geächtet, die unmittelbaren Nachkriegsjahre waren gekennzeichnet von Armut, Entbehrungen und den Anstrengungen des Wiederaufbaus. Auch wenn die Wirtschaft Anfang der 1950er-Jahre zu boomen begann und die Zahl der Arbeitslosen auf eine Million zurückging, lebte immer noch ein Fünftel der Bevölkerung in Deutschland am Rande des Existenzminimums. Etliche Menschen suchten nach den Kriegszerstörungen noch immer nach einer festen Wohnung. Der überraschende Weltmeistertitel ermöglichte nun, für einen Moment aus dem tristen Alltag auszubrechen. Er bescherte den Menschen darüber hinaus ein Gefühl der Zusammengehörigkeit und der Identifikation mit ihrem noch jungen Staat. Endlich gab es ein Ereignis, über das man sich kollektiv freuen konnte.

**1** | **Jubel nach dem Schlusspfiff**

Mannschaftskapitän Fritz Walter, Abwehrspieler Horst Eckel und Trainer Sepp Herberger werden auf den Schultern getragen.

## 2 Der Sonntag, an dem ich Weltmeister wurde

*Der Schriftsteller Friedrich Christian Delius schildert in einem Roman, wie er als Elfjähriger in einem kleinen hessischen Dorf den Endspiel-Sonntag erlebt. Dabei beschreibt er auch die Atmosphäre im Nachkriegsdeutschland:*

Ich horchte von oben, von weitem in die Häuser hinein, kannte die meisten von innen, ich wußte, man hatte gegessen, abgewaschen, aufgeräumt und hockte in der Stummheit des frühen Nachmittages hinter den Fachwerkwänden. In vielen guten Stuben nistete etwas Dunkles und Dumpfes, das mit dem harten Leben zwischen Stall und Feld, Misthaufen und Schweinen, Heumahd und Anhängerkupplung wenig zu tun hatte, in den kalten, ungelüfteten Stuben steckten verdrückte Geschichten, immer stand da ein gefallener Sohn oder Vater oder Bruder in einer peinlich gewordenen Uniform gerahmt auf einem Häkeldeckchen und schaute den Hinterbliebenen, den Besuchern vorwurfsvoll auf den Streuselkuchen. Jedes Haus, so schien mir, hatte ein Geheimnis, etwas, worüber nicht gesprochen wurde, nicht allein undurchsichtige Feindschaften um Ackerwege oder Schulden, nicht allein die Gerüchte, wer ein Säufer war, wer mit wem verzankt, wer einen Flüchtling als Schwiegersohn abgelehnt, wer es mit anderen Frauen hatte. Da war eine abgestandene Wut, da waren dunklere Geschichten, die nicht in meine Kinderwelt passten, irgendwo war da ein Abgrund, aus dem manchmal Silben wie Jud mit einem verächtlich lang gesprochenen U und Worte wie Führer mit einem flötenden Ü oder Nazi mit trotzig betontem A auftauchten und gleich wieder hämisch und eilig zurückgestoßen wurden in den Schlund, eine Märchenwelt böser Vokale und Figuren, eine verbotene, gefährliche Mischung, an die man nicht rühren durfte, aber alle Märchen endeten einmal, und wenn sie nicht gestorben sind, dann leben sie noch heute. Das stimmte nicht, so vieles stimmte nicht, die toten Männer auf dem Buffet lebten weiter, obwohl sie gestorben waren. Sie machten Vorwürfe, sie verdarben den Appetit. Amputierte humpelten um Schlaglöcher herum als lebendige Anklage gegen die Gesunden. Flüchtlinge wohnten gedrängt und dankbar in kleinen Häusern oder unter Dächern, niemand fragte, wer von ihnen da gewohnt hatte, ich hörte wieder und wieder den Vorwurf, zu Unrecht vertrieben worden zu sein. Der Krieg war eine Niederlage gewesen und hatte einen eingeschläferten Haß hinterlassen, der Krieg war an etwas schuld, womit alle zu tun hatten und nichts mehr zu tun haben wollten […] [Text in alter Rechtschreibung]

Zit. nach: Delius, F. C., Der Sonntag, an dem ich Weltmeister wurde, Hamburg 1994, Neuausgabe 2004, S. 86 f.

## 3 Das Fernsehen steckte 1954 noch in den Kinderschuhen.

Nicht einmal 30.000 Fernsehgeräte waren in Deutschland vor Turnierbeginn angemeldet. Dennoch wird die Zahl der Endspiel-Zuschauer an den Fernsehgeräten auf etwa eine Million geschätzt. Die Menschen schauten in überfüllten Gaststätten, sammelten sich vor Schaufenstern der Rundfunk-Fachgeschäfte oder verfolgten die Übertragung in eigens hergerichteten Theatersälen.

**4** Deutschland im Jahr 1954:

Die Wirtschaft glänzt mit so hohen Zuwachsraten, dass viele Beobachter im Ausland überrascht vom deutschen „Wirtschaftswunder" sprechen. Die Autoindustrie beispielsweise kann ihre Produktion um 45 Prozent steigern. Die Exporte wachsen um vier Milliarden Mark und die Zahl der Arbeitslosen fällt von Dezember 1953 bis Juni 1954 deutlich um 50 Prozent auf 1.007.700. In der Politik scheitern zwar im Januar Gespräche zur Wiedervereinigung Deutschlands, dafür gelingt Bundeskanzler Konrad Adenauer die Westintegration der Bundesrepublik. Nachdem der Bundestag im Februar den Aufbau der Bundeswehr beschlossen hat, erreicht Adenauer im Oktober, dass in den Pariser Verträgen die Souveränität der Bundesrepublik weitgehend wiederhergestellt wird. Zudem wird in Paris die Einladung zum Eintritt in die Nato im Mai 1955 ausgesprochen. [...]

Spürbare Verbesserungen erleben viele Menschen nicht nur durch die wachsende Zahl von Arbeitsplätzen. Der Durchschnittsverdienst steigt auf 3936 DM brutto – 1949 waren es noch 2664 DM. Immer mehr Deutsche können sich jetzt ein Auto leisten. [...] Nach Jahren der Entbehrungen können sich die Deutschen 1954 auch wieder normal ernähren. Lebensmittel sind nun wieder reichlich vorhanden, so dass der Ernährungsstand der Vorkriegszeit erreicht wird. [...]

Trotz aller Verbesserungen lebt 1954 noch ein Fünftel aller Bundesbürger am Rande des Existenzminimums. Auch ein neuer Baurekord kann zudem die große Wohnungsnot noch nicht beseitigen. 700.000 Menschen leben noch in Bunkern, Baracken und Notunterkünften, 2,7 Millionen suchen eine Wohnung. Die Löhne der Männer reichen in vielen Familien nicht aus, so dass oft auch Frauen und Kinder arbeiten müssen. Alle Einkünfte zusammen sind trotzdem häufig zu gering für große Anschaffungen. Über einen Kühlschrank beispielsweise verfügt daher nur ein Fünftel aller Bundesbürger.

Zit. nach: www.ard.de vom 28.06.2004

**5** Sind wir jetzt wieder wer?

*Zeitgenossen berichten dem Autor Peter Kasza über ihr Erleben des Titelgewinns 1954:*

Hatte Annemarie Renger[1] das Gefühl, „wieder wer zu sein?": „Blödsinn. Solche Plattitüden gibt's bei mir nicht. Ich habe mich wahnsinnig gefreut – und das war ja wohl auch normal." Alfred Pfaff[2] denkt ähnlich: „Die Leute haben sich einfach gefreut. Das hat mit Politik wenig zu tun. Bei sowas interpretiert jeder immer irgendwas rein". Karl-Heinz Lang[3] schließt sich an: „Was ich nie verstanden habe, ist dieser Mythos, der sich daraus entwickelt hat. Es war schon toll, dieses Spiel. Aber die Leute hatten andere Sorgen. Die mussten Essen ranschaffen, die mussten ihre Ratenkredite zahlen, das war das Eigentliche. Im Allgemeinen hatten die Leute sehr, sehr viele andere Dinge zu tun." Nationalismus war nach den Lehren des Dritten Reiches verpönt. Stolz auf die Nation? Stolz auf die neue Republik? Vielleicht wäre man es gerne gewesen, ein bisschen zumindest. Hatte man nicht aus dem daniederliegenden Land ein Wirtschaftswunderland geschaffen? Mit deutschen Tugenden? Die Nationalmannschaft hatte mit den gleichen Tugenden einen nicht

erwarteten Sieg errungen. So war die ehrliche Freude über den Sieg im Fußball vielleicht eine Ersatzbefriedigung.

Zit. nach: Kasza, P., 1954 – Fußball spielt Geschichte. Das Wunder von Bern, Berlin-Brandenburg 2004, S. 186

[1] Annemarie Renger (Jahrgang 1919): Von 1953 bis 1990 Bundestagsabgeordnete.
[2] Alfred Pfaff (Jahrgang 1926): Spieler der WM-Mannschaft 1954.
[3] Karl-Heinz Lang (Jahrgang 1942): Mitarbeiter der Firma Adidas, die das DFB-Team 1954 mit Schuhen ausstattete.

**6** Tiefe Befriedigung

*Der Historiker Joachim C. Fest wurde nach seiner Einschätzung des „Wunders von Bern" befragt:*

Die Deutschen, so meint Fest, seien sich des Wirtschaftswunders nicht so sicher gewesen. Würde es gelingen? „Aber jetzt kam etwas, das ihnen niemand mehr nehmen konnte. Es hat den Deutschen ein anderes Bewusstsein von sich selbst gegeben. Ich würde aber nicht Selbstbewusstsein sagen, das ist etwas anderes. Es war aber nicht die große Befreiung, das große Aufatmen, nicht ein ‚Jetzt sind wir wieder wer': Es war eher eine tiefe Befriedigung, auch Stolz. Und dennoch: die gewisse Gedämpftheit, die damals noch wie ein Schleier auf dem Land lag, die war noch lange präsent."

Zit. nach: Kasza, P., 1954 – Fußball spielt Geschichte. a.a.O., S. 186

**7** Weltmeister auf Triumphfahrt.

Jeder Spieler des WM-Finales bekam einen Goggomobil-Motorroller geschenkt. Helmut Rahn (links) und Josef Posipal (rechts) lassen sich von den deutschen Fans in Dingolfing feiern.

## 8 Ein Wunder?

*Rudi Michel war als Radioreporter bei der WM 1954 dabei. Über den Gewinn des Titels schreibt er 50 Jahre später:*

War das wirklich ein „Wunder", was da am späten Nachmittag des 4. Juli 1954 in Bern geschah? Und waren sie „Helden", die da siegreich vom Platz gingen oder gar getragen wurden? Fakt war und Fakt bleibt: Deutschland wurde Weltmeister, schlug Ungarn nach einem 0:2-Rückstand mit 3:2. Das war eine Sensation. Für alle. Für die Spieler, vor allem die gegnerischen, die Sportwelt, die Medien, die Buchmacher, das Ausland und für Millionen Menschen daheim.

Dennoch: Helden waren sie bestimmt nicht. Sie waren junge Männer, für die der Fußball fast alles bedeutete – in einer Zeit, als es den Menschen nicht besonders gut ging und sie für jede Ablenkung dankbar waren. Der Krieg war gerade einmal neun Jahre vorbei, jeder von ihnen hatte ihn erlebt, ob als Soldat, wie Fritz Walter, oder als Kind, das die Bomben hat fallen hören, wie die Jüngsten unter ihnen. Und jeder erlebte die Auswirkungen dieses Krieges: zerstörte Städte, Tote und Kriegsversehrte in den eigenen Familien oder in der unmittelbaren Nachbarschaft, Armut, Not und – Schuldgefühle. Da wünschte sich so mancher ein Wunder herbei, auf dass es wieder bessere Tage geben möge und die Welt für sie wieder in Ordnung käme. So geriet der Weltmeistertitel von Bern zu einem der schönsten Geschenke und freudigsten Ereignisse für die Menschen der Nachkriegszeit in Deutschland, mit dem sich nahezu jeder identifizieren konnte, an dem sich alle erfreuen konnten, das jedem ein bisschen Kraft im Alltag verschaffte. Eine kleine Sehnsucht hatte sich an einem Sonntag erfüllt. Aber ein Wunder hatten die elf Spieler und ihr Trainer im Stadion von Bern nicht vollbracht.

Zit. nach: Michel, R., Deutschland ist Weltmeister! Meine Erinnerungen an das Wunder von Bern, München 2004, S. 7

## 9 Verbotene Nationalhymne

*Rund 25.000 Fans aus Deutschland waren unter den 65.000 Zuschauern beim Endspiel im Berner Wankdorfstadion. Als nach dem Spiel die Nationalhymne für die Siegermannschaft gespielt wurde, sangen die deutschen Fans die seit 1953 verbotene erste Strophe der Hymne mit der Textzeile „Deutschland, Deutschland über alles …". Die internationale Presse reagierte entsetzt.*

*So schrieb die französische Tageszeitung „Le Monde" unter der Überschrift „Achtung!":*

Die Zehntausende von Deutschen erstarren. Die Aufschreie enden. Die Musik intoniert Deutschland, Deutschland über alles. Die Menge singt mit. Die Erde zittert. Es regnet. Es regnet, und mir ist kalt. [...] Jung, fest, begeistert singen die Deutschen, machtvoll, auf dass es die ganze Welt höre und wisse, dass Deutschland wieder einmal „über alles" erhoben ist. Nun fröstelt mich mehr und mehr, und ich sage mir: Achtung! Achtung! Also jetzt sind die Deutschen Fußballweltmeister. Niemand hatte das erwartet. Sie waren so vollkommen herunter – wie nach Versailles. Wer hätte gedacht, dass das unschuldige Weimar Hitler gebären würde. [...] Sport? Sicher, aber nicht nur Sport. Fanatismus des Stolzes, der Überlegenheitssucht, der Revanche. Die Masse irrt sich nicht, und wenn es sich um eine deutsche Masse handelt, ist die Diagnose eindeutig: Achtung!

*Die Kopenhagener Zeitung „Information" schrieb:*

Überall in Europa überlief es Tausende von Radiohörern und Fernsehern kalt bei der Auswirkung, die der Sieg sofort hatte. Es fehlte offenkundig nur ein „Sieg Heil", um die ganze Stimmung von der Berliner Olympiade wieder erstehen zu lassen. Die Deutschen sangen „Deutschland, Deutschland über alles", dass es dröhnte, und es sah aus, als ob dieser Sieg den aufwog, der 1940 bis 1945 ausblieb.

Zusammenstellung des Verfassers

## 10 Entwicklung der Prämien für den Titelgewinn

| WM 1954 | 1280 Euro (plus Sachgeschenke) |
|---------|-------------------------------|
| WM 1974 | 35.900 Euro (plus VW-Käfer) |
| WM 1986 | 51.100 Euro |
| WM 1990 | 64.100 Euro |
| WM 1994 | 64.100 Euro |
| WM 1998 | 76.900 Euro |
| EM 2000 | 76.900 Euro |
| WM 2002 | 92.000 Euro |
| EM 2004 | 100.000 Euro |
| WM 2006 | 300.000 Euro |

Zusammengestellt nach Angaben der dpa

---

### Arbeitsvorschläge

1) Gib Delius' Beschreibung der Atmosphäre der Nachkriegszeit in eigenen Worten wieder (M2).
2) Schildere kurz die politische und wirtschaftliche Situation, in der sich Deutschland im Jahr 1954 befand (VT, M4).
3) Aus dem WM-Sieg wurde in der Nachbetrachtung bald das „Wunder von Bern", das in Deutschland ein Gefühl des „Jetzt sind wir wieder wer" ausgelöst habe. Erläutere, inwieweit diese Interpretation zutrifft (M5, M6, M8). Benenne Gründe, warum im Rückblick vom „Wunder" und von den „Helden" von Bern gesprochen wurde.
4) Der Historiker Joachim Fest spricht von drei Gründungsvätern der Bundesrepublik. Neben Bundeskanzler Adenauer im politischen und Wirtschaftsminister Erhard im ökonomischen sei dies der Mannschaftskapitän der 1954er-Mannschaft Fritz Walter im mentalen Bereich gewesen. Erkläre diese Aussage und nimm dazu Stellung.
5) Wie erklärst du dir die Reaktion der internationalen Presse auf den Sieg (M9)?
6) 1954 bekamen die Spieler für den WM-Titel vom Deutschen Fußball Bund eine Prämie von umgerechnet rund 1300 Euro, für den Sieg bei der WM 2006 wurden 300.000 Euro pro Spieler ausgelobt. Diskutiert, ob Prämien und Gehälter heutiger Fußballspieler angemessen sind (M10).

# Der Vater aller Sprüche

Wortgewaltiger Trainer:
Sepp Herberger dirigiert die
Spieler vom Spielfeldrand.

Sepp Herberger gilt als Vater zahlreicher Sprüche rund um den Fußball. Welche noch heute gebräuchlichen Aussagen tatsächlich von ihm stammen, lässt sich allerdings nicht mit Sicherheit sagen.

Einige der bekanntesten Fußballerweisheiten finden sich auf diesem Blatt, jeweils getrennt in zwei Teile. Füge immer zwei Satzteile zu einem vollständigen Satz zusammen und schreibe die vollständigen Sprüche in die Leerzeilen.

Nach dem Spiel

Der Ball

Das nächste Spiel

Der Ball muss ins Tor.

ist vor dem Spiel.

Ein Spiel

ist immer das schwerste.

Das Runde

eine erste und eine zweite.

In diesem Geschäft gibt es nur eine Wahrheit:

wenn der Schiedsrichter

muss ins Eckige.

pfeift.

Jedes Spiel hat zwei Halbzeiten:

Abseits ist,

dauert 90 Minuten.

ist rund.

_____

_____

_____

_____

_____

_____

_____

Kennst du auch einen Fußball(er)-Spruch? Schreib ihn in das Tor.

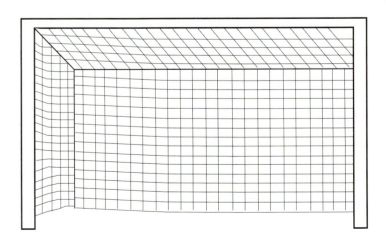

### Politik und Fußball

1952 wurde der Deutsche Fußball-Verband (DFV) der einstigen DDR in den Fußball-Weltverband (FIFA) aufgenommen. Im gleichen Jahr erfolgte auch nach mehreren inoffiziellen Vergleichen das erste offizielle Länderspiel. Die DFV-Auswahl unterlag am 21. September 1952 der Vertretung Polens in Warschau 0:3. Der größte „politische" Sieg des DDR-Fußballs datiert vom 22. Juni 1974: Im Vorrundenspiel der Gruppe 1 während der Weltmeisterschaft in Hamburg besiegte die DDR den späteren Weltmeister Bundesrepublik Deutschland 1:0. Sportlich ist der Gewinn der Goldmedaille bei den Olympischen Sommerspielen 1976 in Montreal sicher der größte Erfolg. Die Mannschaft von Trainer Georg Buschner konnte im Finale sowohl den WM-Dritten Polen als auch bereits in der Vorrunde den späteren Europameister Tschechoslowakei ausschalten. Auf der Ebene des Vereinsfußballs ist der Erfolg im Europapokal-Wettbewerb der Pokalsieger von 1974 für den 1. FC Magdeburg herausragend, der mit 2:0 gegen den großen AC Mailand triumphierte.

Allerdings ist auch der Einfluss politischer Kreise im DDR-Fußball von erheblicher Bedeutung. Politische Einflussnahme war im DDR-Fußball kein Ausnahmefall. So war es schon in den Anfangsjahren der DDR aus gesellschaftspolitischen Gesichtspunkten besonders gerne gesehen, wenn Betriebssportgemeinschaften, also Mannschaften aus der Arbeiterklasse, den Titelträger stellten. Der Oberliga-Fußball wurde so fast zum Spielball der Politik. Es tauchten Mannschaften wie aus dem Nichts auf. So wurde zum Beispiel die DDR-Liga nach der ersten Saison um 4 Mannschaften aufgestockt, darunter 3 Vereine aus Berlin, nur um eine Mannschaft aus der Hauptstadt in der höchsten Spielklasse zu haben. Die sportliche Qualifikation war dabei unerheblich. Die Einflussnahme von Funktionären ging so weit, dass sie den Trainern direkte Anweisungen gaben. So versuchte der damalige Chef des Deutschen Turn- und Sportbundes M. Ewald noch direkt vor dem Olympia-Finale in Montreal, dem Nationaltrainer Buschner die Aufstellung zu diktieren. Ein spezieller Fall ist dabei sicherlich der Serienmeister der Oberliga, der BFC Dynamo. Vor seinen zehn Titelgewinnen war der BFC eher eine graue Maus in der Oberliga. Bis 1979 gelang ihm nicht ein Titelgewinn. Der Wandel von der grauen Maus zum Klassenprimus kam dann nicht nur den Fußball-Fans seltsam vor.

„Dass der BFC Dynamo so häufig DDR-Meister geworden ist, war sicherlich kein Zufall. Das lässt sich doch ganz gut an den Pokalendspielen belegen, die wohl sauber waren und von denen der BFC kein einziges gewonnen hat." (Fußballer Dixie Dörner)

Die Einflussnahme von Schiedsrichtern auf Spiele des BFC hatte System, denn die Nominierung als FIFA-Referee und damit zu Auslandsreisen war ohne Zustimmung der Staatssicherheit nicht möglich. Da lag eine Bevorteilung des Klubs der Staatssicherheit nahe, um sich eigene Chancen nicht zu verbauen. Sicher wäre der BFC Dynamo auch einige Male ohne „Hilfe" Meister geworden, doch wahrscheinlich nicht zehn Mal in Folge. Aber nicht nur auf Vereine erstreckte sich die Einflussnahme, auch einzelne Spieler waren interessant für die Staatssicherheit. Da die Fußballer der Spitzenclubs Reisekader waren und damit jederzeit die Möglichkeit einer Flucht in den Westen bestand, war eine Observation durch IMs gang und gäbe. Die Stasi rekrutierte ihre Mitarbeiter dabei vor allem unter den Fußballern, die erpressbar waren. So wurde mit einem Berufsverbot als Leistungssportler gedroht. Trotz allem gelang einigen Fußballern die Flucht.

### Eine Hand wäscht die andere: Stasi-Chef Mielke gratuliert dem BFC Dynamo

### Das deutsch-deutsche Duell oder 90 Minuten Klassenkampf

*„Wenn man auf meinen Grabstein eines Tages nur Hamburg 74 schreibt, weiß jeder, wer darunter liegt"*, so Fußballer Jürgen Sparwasser.

Am 22. Juni 1974 kommt es bei der Fußballweltmeisterschaft zu einer Begegnung, die in der Fußballgeschichte einzigartig war, ist und bleiben wird . Die Zeit des Kalten Krieges war im vollen Gange, die Beziehungen zwischen Ost und West gestalteten sich schwierig. Die beiden deutschen Staaten traten gegeneinander an. Die Begegnung hatte im Vorfeld, erst recht aber nach dem Abpfiff, für heftige Emotionen gesorgt. Galt sie doch praktisch als Fortsetzung des Kalten Krieges mit anderen Mitteln. Klassenkampf war wieder das Schlagwort der Stunde. Ein einziger Schuss brachte Sparwasser und seiner Mannschaft einen Sieg, den man so schnell nicht vergessen wird. In diesem „Bruderduell" verdichtete sich ein Stück deutsch-deutsche Geschichte. Legendär sind die 1500 ausgesuchten DDR-Touristen, die mit zwei Sonderzügen nach Hamburg gekommen waren und einen denkwürdigen Abend erleben sollten. Sportbegegnungen im westdeutschen „Feindgebiet" durften nur unter strenger Bewachung stattfinden. Und der Fanblock? Der bestand aus sorgfältig ausgewählten und ausgezeichneten sozialistischen Schlachtenbummlern. Die Offiziellen der DDR hatten große Angst vor dem Klassenfeind und seinen Verlockungen.

*„Die kamen nach Westen mit dem Vorsatz, sich auf West-Kontakte nicht einzulassen, ausgenommen den Erwerb von Bockwurst",* schrieb der „Spiegel" 1974.

Das war aber nicht, wie allgemein angenommen, das einzige Aufeinandertreffen der beiden Nationalmannschaften. Das erste fand einige Zeit früher, 1960, statt. Auch vor Olympia

hatte der Kalte Krieg nicht halt gemacht. 1960 gab es noch eine deutsch-deutsche Olympia-Mannschaft. Die DDR wollte damals aber auf gar keinen Fall eine gemeinsame Ost-West-Fußball-Mannschaft. Die Geschichte beginnt 1959 im Ost-Berliner Walter-Ulbricht-Stadion. Längst trennt der Eiserne Vorhang Ost und West. Doch für die Olympischen Spiele 1960 tritt eine gemeinsame deutsche Mannschaft an. Hinter den Kulissen herrscht erbitterte Rivalität. Wer die meisten Teilnehmer hat, stellt den Missionschef. Auch deshalb wollte die DDR bei der Olympiade ihr eigenes Fußballteam an den Start bringen und lehnte eine gemischte Ost-West Elf ab. Ein Entscheidungsspiel musste her. Die folgenden beiden Partien konnte die „West"-Auswahl aber gewinnen.

**Jürgen Sparwasser hebt den Ball über Sepp Maier hinweg zum 1:0 im WM-Vorrundenspiel 1974. Der spätere Bundestrainer Berti Vogts kommt zu spät.**

---

## Einsatz im Unterricht

### Einbettung der Einheit

Die Unterrichtseinheit zu „Gescheitert am System – Fußball in der DDR" kann speziell an die Themen „Kalter Krieg", „DDR: Deutschland im Osten" als auch die Wiedervereinigung der beiden deutschen Staaten angebunden werden. Die folgenden Materialien und Arbeitsblätter geben den Schülern dabei einen neuen Einstieg in diese Thematiken. Fußball in den neuen Bundesländern ist gerade heute nach dem Abstieg Hansa Rostocks ein in den Medien aktuelles Thema. Dabei ist speziell eine Betrachtung der Wendezeit interessant.

Das Arbeitsblatt „Der Griff nach den Sternen" gibt den Schülern anhand einer aktuellen Problematik die Möglichkeit, die Wendeentwicklungen rückblickend aus verschiedenen Standpunkten zu betrachten. Dabei müssen sich die Schüler mittels eines Streitgespräches in verschiedene Parteien hineindenken und können so die Entwicklungen im geeinten Deutschland neu betrachten. Die dazugehörigen Materialien versetzen den Schüler in die Lage, eine von 4 Parteien zu vertreten, welche unterschiedliche Ansichten und Ziele vertreten. Weitere Materialien dienen dazu, den Kalten Krieg aus der Sicht des Fußballs zu betrachten. Die Themen Republikflucht und das Vorrundenspiel der WM 1974 beleuchten das

angespannte deutsch-deutsche Verhältnis. Die Materialien ermöglichen dem Schüler dabei, Gründe für eine Republikflucht als auch Vorurteile gegenüber Fußballern aus der DDR zu erschließen. Die Schüler sollen nach Erarbeitung der Materialien diskutieren, ob das Erschlossene auch außerhalb des Fußballs relevant war bzw. ist. Allgemein ist zu bemerken, das alle hier auf den Fußball bezogenen Themen exemplarisch für das System der DDR sind. Die Thematiken sind komplett auf andere Bereiche der DDR-Gesellschaft übertragbar.

Folgende Aspekte können erarbeitet werden:

- Zwei Staaten – eine Nation?
- Grenze und Grenzerfahrungen – warum wollen DDR-Bürger weg?
- Wir sind wieder eins.

Gerade durch die Übertragbarkeit auf andere Bereiche ist es interessant, über ein für die Schüler spannendes Einstiegsthema verschiedenste Thematiken der deutsch-deutschen Nachkriegsgeschichte zu erschließen.

# Rollenspiel – Der Griff nach den Sternen

Am 18. März 2005 entschied der DFB, dass zehn Meistertitel den Verein berechtigen, auf den Trikots drei Meistersterne zu tragen. Damit ist der BFC Dynamo neben dem FC Bayern München die einzige deutsche Mannschaft, der dieses Recht zustünde.

Die DFL beschränkte die Vergabe der Sterne allerdings nur auf Gewinne von Meisterschaften seit Einführung der Bundesliga 1963. Somit gingen beispielsweise Nürnberg vorher acht Titel oder Schalke sieben Titel verloren. Gleiches gilt für die Ost-Vereine. Die zehn Championate des BFC Dynamo blieben damit unberücksichtigt. Am 8. August 2004, drei Tage nach einer DFL-Pressemeldung, informierte Dynamo unter der Überschrift „Der BFC Dynamo greift nach den Sternen" die Öffentlichkeit über das Vorhaben, DFL und DFB zu kontaktieren: „Gleiches Recht für alle und das gilt sicherlich auch für den zehnmaligen DDR-Meister BFC Dynamo. Der nationale Fußballverband der ehemaligen DDR, der DFV, trat seinerzeit dem großen Bundesbruder DFB bei. Und jener DFB übernahm nahtlos alle nationalen Statistiken, Länderspiele und Torschützen. So erscheint es nur logisch, die sportliche Anerkennung auch im Bereich der seinerzeitigen Landesmeister fortzusetzen", hieß es in einer Presseinformation. Kritiker aus dem DFB-Umfeld allerdings wiesen auf die politische Beeinflussung der DDR-Meisterschaften hin.

### 1 Der DFB und die Meistersterne

**a)** Die mehrmaligen deutschen Meister dürfen ab der anstehenden Bundesliga-Saison ihre Titelgewinne durch Meistersterne auf den Spieler-Trikots kenntlich machen. Dies gab die DFL Deutsche Fußball Liga GmbH am Donnerstag auf einer Pressekonferenz bekannt.

Die Verantwortlichen der 36 Profiklubs haben sich darauf geeinigt, dass Klubs mit mehr als zehn errungenen Titeln (Bayern München) drei Sterne über dem Vereinswappen tragen dürfen, zwei Sterne gibt es für Vereine, die öfter als fünfmal Meister wurden (Borussia Mönchengladbach), und ein Stern wird ab drei Titeln (Werder Bremen, Borussia Dortmund, Hamburger SV) verliehen. Es zählen allerdings nur Meisterschaften, die nach dem Start der Bundesliga 1963 errungen wurden.
Zit. nach: www.dfb.de (06.08.2004)

**b)** Die von der Deutschen Fußball Liga (DFL) am Montag auf der Vollversammlung in Köln verabschiedete Regelung bezüglich der Meistersterne auf den Trikots der Klubs wurde vom Präsidium des Deutschen Fußball-Bundes (DFB) bestätigt. Somit sind weiterhin nur Vereine, die in der Bundesliga spielen und seit 1963 Meister wurden, dazu berechtigt, Meister-Sterne auf ihren Trikots zu tragen.

Der DFB wird allerdings in den kommenden Wochen über Alternativ-Vorschläge für Klubs, die im Amateurbereich spielen und vor 1963 in der Bundesrepublik oder in der DDR Meister wurden, beraten. Konkrete Vorstellungen gibt es derzeit noch nicht.
Zit. nach: www.dfb.de (28.04.2005)

### 2 Unsere Titel müssen zählen

„Man darf keinen Unterschied zwischen Bundesliga und DDR-Oberliga machen. Ich bin zehn Mal Meister geworden. Mir wurde nichts geschenkt Die Sache mit den Schiedsrichtern kann ich nicht mehr hören", sagt zähneknirschend Torhüterlegende Bodo Rudwaleit, 47 Jahre, für den Verein immer noch als Torwarttrainer tätig.
"Das wäre eine gute Sache. Der DFV ist damals dem DFB einverleibt worden, unsere Titel müssten also zählen. Sowohl die Bundesrepublik als auch die DDR waren souverän, hatten ihren Meister", findet der damalige Erfolgscoach Jürgen Bogs, 58.

Zustimmung erhielt der BFC übrigens sogar vom einstigen Dauerrivalen Dynamo Dresden. „Ich bin dafür, dass die DDR-Vereine die Sterne bekommen. Wenn der DFB meint, die Titel im Osten seien weniger wert, könnten diese ja ein anderes Aussehen haben", pflichtet Dresdens Trainer Christoph Franke solidarisch bei.
Zit. nach: Berliner Zeitung vom 07.04.2005, S. 16, Wolf, M.

### 3 Umstrittener Lorbeer auf breiter Brust: Der DDR-Serienmeister fühlt sich als Drei-Sterne-Klub.

Torwart Nico Thomaschewski (BFC Dynamo) das erste Mal bei einem Punktspiel in dem Trikot mit den drei Sternen

### 4 Gleichbehandlung für alle

In Frankfurt am Main, bei der Deutschen Fußball-Liga (DFL), waren sie am Mittwoch bemüht, die Wogen zu glätten. Das sei „absolut keine politische Diskussion", sagte DFL-Sprecher Tom Bender, „hier will auch keiner den Ost-Mannschaften etwas wegnehmen." Doch beim Berliner FC Dynamo ist es genau so angekommen. Kaum haben sie ihre Trikots mit den drei Sternen für die zehn zwischen 1979 und 1988 in der DDR-Oberliga errungenen Meistertitel beflockt, sind die Insignien des Ruhmes auch schon wieder wertlos.

Der Vorstand der Deutschen Fußball-Liga hat dem Deutschen Fußball-Bund (DFB) empfohlen, seinem prominenten Viertligisten für den dreisten Griff nach den Sternen freundlich, aber bestimmt auf die Finger zu hauen. „Wir sind ja eigentlich gar nicht zuständig für Vereine wie Dynamo", sagte Tom Bender süffisant, „wir haben jetzt dem DFB mal den Ball zurück gespielt."

Hans-Georg Moldenhauer, der Ostvertreter im DFB-Präsidium, erfuhr erst von dieser Zeitung von dem DFL-Votum. Jener Vizepräsident, der sich dafür stark gemacht hatte, dass die Ost-Meister „ernst genommen werden". Er, der angenommen hatte, die DFL würde es ebenso sehen, war nun überrascht – und kündigte neue Gespräche an: „Ich denke weiter, dass alle deutschen Meister zwischen 1903 und 2005 gleich behandelt werden müssen." Doch die Liga möchte nicht, dass Vereine wie der BFC ihre Markenzeichen entwerten. Der neuerliche Vorstandsbeschluss, wonach nur Titelgewinne nach Einführung der Bundesliga 1963 mit Sternen über dem Logo dekoriert werden dürfen, fiel einstimmig aus. Auch Altmeister wie der 1. FC Nürnberg (neun Titel) und Schalke 04 (sieben) hätten ihre Zustimmung erteilt.

„Alle haben eingesehen, dass die Sterne ebenso wie unser Liga-Logo und das vergoldete Wappen für den Titelträger Marketing-Instrumente sind, um die Bundesliga aufzuwerten", sagte Bender, „eine Inflation", also Sternensysteme bis hinab in die fünfte Liga zu Victoria Frankfurt/Oder (sechs DDR-Titel) hätte das konterkariert. Es dürfte die Dynamos schmerzen, dass über die für sie so bewegende Frage nur wenige Minuten verhandelt wurde. „Das war schnell erledigt", sagte Bender. Ohne Folgen bleibt das aber nicht. Der Öffentlichkeitsarbeiter schilderte, dass er sich nun jener Anrufer erwehren müsse, die den Tatbestand des Diebstahls am ostdeutschen Volk sehen: „Das ist schon Agitation. Einer hat mir gesagt, wir entreißen den DDR-Meistern das Letzte, was ihnen geblieben ist."
Zit. nach: Berliner Zeitung vom 07.04.2005, S. 16 (Wolf, M.)

### 5 Bis das Ergebnis stimmt

Kann der frühere Schiedsrichter Bernd Heynemann bestätigen, dass so lange nachgespielt wurde, bis das Ergebnis „stimmte"?

Die bevorzugte Behandlung des BFC durch einige Schiedsrichterkollegen brachte viele Fußballfans auf die Palme. Es gab Spiele, bei denen wurde so lange nachgespielt, bis der BFC eine drohende Niederlage durch ein Tor in letzter Minute noch in ein Unentschieden umwandeln konnte." [...] Der 1. FC Lok Leipzig spielte im Bruno-Plache-Stadion gegen den BFC. Schiedsrichter der Begegnung war Bernd Stumpf. Lok glückte ein Blitzstart, nach zwei Minuten hieß es 1:0 durch ein Tor von Olaf Marschall. Doch es sollte zum Sieg nicht reichen. Zehn Minuten vor Ende der Begegnung stellte Stumpf Leipzigs Mittelfeldmotor Matthias Liebers vom Platz. Und dann gab er – was das Fass für die erbosten Lok-Fans zum Überlaufen brachte – in der Nachspielzeit einen Elfmeter für den BFC. Berlins Goalgetter Frank Pastor, 1984 vom Absteiger HFC Chemie nach Berlin „delegiert", ließ sich die Chance nicht entgehen und traf zum Ausgleich. Fast hätte es eine Stadionrevolte gegeben. Die Sicherheitskräfte hatten alle Mühe, die erhitzten Gemüter wenigstens einigermaßen zu beruhigen. Das Geschehene wurde dann endlich einmal ausgewertet, auch weil wegen der Leipziger Messe – dem wirtschaftlichen Tor der DDR zur Welt – viele internationale Journalisten und Gäste Wind von der Angelegenheit bekommen hatten. Der damalige Schiedsrichter-Vorsitzende Heinz Einbeck wurde abgelöst. Rudi Glöckner wurde sein Nachfolger. Und es wurde eine weitere Entscheidung getroffen. Nein – es wurde nicht beschlossen, den BFC Dynamo ab sofort wie jedes andere Team zu behandeln. Stattdessen wurde festgelegt, dass ab sofort Lok Leipzig zu Messezeiten kein Heimspiel mehr bestreiten dürfe.
Zit. nach: Heynemann, B., Momente der Entscheidung, Halle 2005, S. 101 f.

### 6 Ein kurioses Spiel

Bernd Heynemann leitete mit der Partie Eintracht Frankfurt gegen FC Bayern München ein kurioses Spiel. Nachdem sich die beiden Bayern-Torhüter verletzt hatten, musste Feldspieler Michael Tarnat ins Tor. Er hielt seinen Kasten sauber. Bayern gewann 2:1.

Führt ein Streitgespräch! Folgende Personen könnten dabei auftreten:

**Der ehemalige BFC-Trainer Jürgen Bogs** – Trainer in den 10 Titeljahren, will eine volle Anerkennung der Titel des BFC Dynamo.

**DFL-Präsident Werner Hackmann** – setzt sich für die bisherige Regelung ein.

**Schalke-Manager Rudi Assauer** – Die sieben Titel Schalkes sind vor 1963 errungen worden, er möchte eine Regelung auch vor 1963.

**Ein BFC-Kritiker** – Er weist auf politisch beeinflusste DDR-Meisterschaften hin.

Setzt euch in zwei Gruppen zusammen, informiert euch über die historischen Hintergründe und entwerft für die Personen Rollenkarten, auf die ihr die Informationen, die für das Streitgespräch wichtig sind, schreibt.

Hier ein Beispiel für eine Rollenkarte:

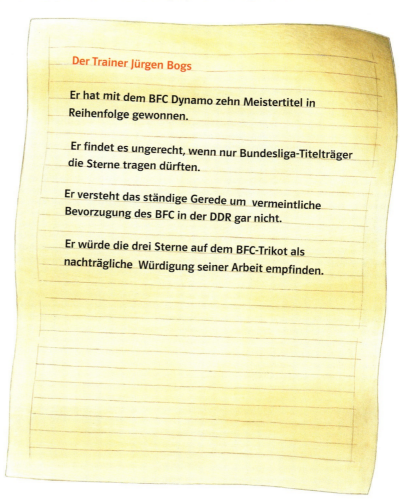

**Der Trainer Jürgen Bogs**

Er hat mit dem BFC Dynamo zehn Meistertitel in Reihenfolge gewonnen.

Er findet es ungerecht, wenn nur Bundesliga-Titelträger die Sterne tragen dürften.

Er versteht das ständige Gerede um vermeintliche Bevorzugung des BFC in der DDR gar nicht.

Er würde die drei Sterne auf dem BFC-Trikot als nachträgliche Würdigung seiner Arbeit empfinden.

Entwerft nach diesem Beispiel Rollenkarten für die anderen Beteiligten.

Diskutiert nach dem Streitgespräch folgende Fragen:

Was habt ihr beim Spielen gefühlt?
Habt ihr für alle Personen Verständnis gehabt?
Über wen habt ihr euch warum geärgert?
Welche Rolle war besonders gut gespielt worden?

Warum seid ihr dieser Meinung?
Könnte es eine ähnliche Diskussion bei der Entscheidung der DFL gegeben haben?
Wo fehlten euch weitere Informationen?

# Republikflucht

Immer wieder haben Fußballer aus der ehemaligen DDR versucht, bei Gastspielen im westlichen „kapitalistischen" Ausland „Republikflucht" zu begehen. Einigen wie zum Beispiel Falko Götz oder Norbert Nachtweih gelang die Flucht, anderen, als prominentestes Beispiel Gerd Weber, misslang dieses Unternehmen mit teilweise dramatischen Folgen. Was können die Gründe gewesen sein, dass ein doch privilegierter Fußballer die Sporthochburg DDR verlassen wollte und dabei diese Risiken auf sich nahm?

### 1 Erpressbarkeit als Druckmittel

„Wenn man einen jungen Sportler hatte, der erpressbar war, entweder mit Alkohol oder mit anderen Geschichten, dann hat die Stasi ein Druckmittel gehabt", sagt Hans Leske. „Das beste Beispiel ist der Kollege Gütschow, Thorsten Gütschow von Dynamo Dresden. Das war ein junger Fußballer. Der hatte eine Freundin. Und die Freundin hatte Eltern, die im Verdacht standen, dass sie Republikflucht planen und mit bestimmten Dissidentenkreisen verkehren. Der Gütschow war, glaube ich, 17, 18 Jahre alt. Und die Stasi ist bei ihm erschienen und hat gesagt: Du bist doch Angehöriger von Dynamo, also Volkspolizei. Du hättest Westkontakte melden müssen. Das hast du nicht gemacht. Dabei zielten sie auf die Eltern seiner Freundin. Und dann wurde ganz konkret gesagt: Entweder du unterzeichnest jetzt eine Verpflichtungserklärung. Dann kannst du weiter bei Dynamo spielen in der Oberliga. Dann kannst du auch deine Freundin behalten und wir behelligen sie nicht. Wenn du das nicht machst, kannst du irgendwo in der Provinz spielen. Mit der Oberliga ist es dann vorbei.
Was hat er gemacht? Er hat unterschrieben und hat dann regelmäßig berichtet. Der Mann war erpressbar.
Ich hab eine ganze Reihe von Fällen untersucht. Wenn man, ich sag jetzt mal, nicht erpressbar war, eine weiße Weste hatte wie Dixi Dörner oder so, dann sind die Abwerbungsversuche abgeprallt. Dann haben sie es auch nicht wieder versucht. Und es gab auch keinen Nachteil.
Aber wehe wenn sie etwas entdeckten wie bei Eduard Geier beispielsweise. Der fast 20 Jahre lang für die Stasi gearbeitet hat als IM. Eduard Geier ist natürlich erpresst worden als junger Bursche, weil er in Amsterdam den Zapfenstreich überzogen und mit dem westdeutschen Libero von Ajax-Amsterdam durchgefeiert hat. Er war erst frühmorgens um sechs wieder im Hotel. Bei der Rückkehr ist er dann gefragt worden: Wie willst du das wieder gut machen? Er wollte Sport studieren. Er wollte weiter Fußball spielen. Daraufhin hat Eduard Geier unterschrieben. So ist das gelaufen.
Zit. nach: www.ndr.de, Interview mit Hans Leske (1.11.2005)

### 2 Republikflucht – Der Fall Falko Götz

Der 3. November 1983: der Tag, an dem ich abhaue. Es hätte auch ein anderer Tag sein können. Eine andere Gelegenheit, den Aufpassern von der Staatssicherheit, der Stasi, auf irgendeiner Auslandsreise zu entwischen. Denn bis zu diesem Tag wollte ich nie etwas so, wie eines: abhauen. Die Flucht aus der DDR ist keine spontane Aktion, kein Ausnützen einer günstigen Gelegenheit. Sie ist einfach nur die logische Konsequenz meines bisherigen Lebens: Ich muss drüben im Westen Fußball spielen, weil ich im Osten sowieso nichts werden kann. Warum? Ein paar Leute halten mich für politisch nicht zuverlässig genug. Habe schließlich Verwandte in Westdeutschland. Bin somit verdächtig. Niemand legt die Hand ins Feuer für so einen. Dass sie mich dennoch mit all den anderen Kaderathleten ins Ausland reisen lassen, hat etwas mit meiner sportlichen Qualität zu tun. Man will auf einen Spieler wie mich eben nicht verzichten: körperbetonter Stürmer, ehrgeizig, kopfballstark, vielseitig einsetzbar. Niemand weiß, dass ich vor allem deshalb alle persönlichen Interessen für meinen Sport zurückstelle, weil Fußball für mich die einzige Chance zur Republikflucht ist. Ab in die Freiheit.
Zit. nach: www.falkogoetz.de (1.11.2005)

### 3 Falko Götz als Jugendnationalspieler in der DDR ...

### 4 ... später als Profi in der Bundesliga beim 1. FC Köln

### 5 Konsequenzen – Gerd Weber

Seine Person steht wie kaum eine andere im DDR-Fußball für die Unerbittlichkeit von Verbands- und Staatsführung; als er und seine Dresdner Mannschaftskollegen Matthias Müller und Peter Kotte im Januar 1981 kurz vor dem Abflug der Nationalelf nach Argentinien auf dem Flughafen Berlin Schönefeld verhaftet wurden, hieß es in einer Pressemitteilung lapidar, sie wurden „wegen politisch-moralischer Verfehlungen aus der SG Dynamo ausgeschlossen"; der eigentliche Grund: Weber hegte Fluchtpläne, Kotte und Müller wussten davon, die Staatssicherheit war im Bilde über Verbindungen zum 1. FC Köln; das Urteil: 7 Jahre 7 Monate Haft (nach einem Jahr in Bautzen begnadigt) und er darf nie mehr organisierten Fußball spielen; das jähe Ende der Karriere für einen der größten Hoffnungsträger, den man als einen der besten defensiven Mittelfeldspieler Europas handelte. [...] Nach dem erzwungenen Abbruch seines Sportstudiums wurde er Kfz-Schlosser, zur Meisterprüfung aber nie zugelassen.

Zit. nach: Horn, M., Weise, G., Das große Lexikon des DDR-Fußballs, Berlin 2004, S. 363

### 6 Fußballer in der DDR

*Interview mit Andres Thom (ehem. Spieler BFC) und Hans Werner (ehem. Trainer Union Berlin und Hansa Rostock)*

**11 Freunde:** Hatte man die Möglichkeit, im Laufe der sportlichen Karriere finanziell auszusorgen?

**Thom:** Nein, das war in der DDR Oberliga nicht möglich. Deshalb hatten alle Spieler eine Berufsausbildung oder studierten. Wir haben zwar im Verhältnis gut verdient, aber man musste nach seiner Karriere definitiv arbeiten gehen.

**11 Freunde:** Also kann ein Spielergehalt nicht sonderlich hoch ausgefallen sein.

**Werner:** Zu meiner Zeit in Rostock bekam unser bekanntester Spieler, Joachim Streich, 750 Mark brutto, also genau 556 Mark auf die Hand. Das war in der Zeit um 1970. Da wurden die Fußballklubs nicht mehr so behandelt wie davor und auch danach. Das hat uns natürlich zurückgeworfen. Ich kann nicht sagen, welche Summen bei Armeeklubs bezahlt wurden, aber die Fußballklubs wurden genau kontrolliert und keiner hat gewagt daran zu denken, auch nur eine Mark mehr zu nehmen als zugelassen. Man wäre sofort entlassen worden. Joachim Streich ist dann später wegen 500 Mark, die Rostock nicht bezahlen wollte, nach Magdeburg gewechselt.

**11 Freunde:** Sehr volksnahe Gehälter also.

**Thom:** Natürlich. Man hatte auch nicht die Möglichkeit, ausgiebig mit den Vereinen zu verhandeln, sondern musste nehmen, was einem zugewiesen wurde.

**Werner:** Ich habe als Trainer in Rostock 1200 Mark brutto bekommen. Wäre ich Turnlehrer gewesen, hätte ich auch nur 1000 Mark erhalte.

**11 Freunde:** Von einer privilegierten Stellung, wie sie Bundesliga-Profis im Westen genossen, waren Sie also weit entfernt?

**Werner:** Wir mussten jedenfalls unsere Sachen ganz normal bezahlen. Sicher, wir durften uns alle vier Jahre einen neuen Wartburg kaufen, worauf normale Bürger über zehn Jahre warten mussten. Aber lukrative Sponsorenverträge gab es damals bei uns nicht. Ich habe mit Klaus Augenthaler an der Sporthochschule in Köln über dieses Thema diskutiert und zu ihm gesagt: „Ihr bekommt einen Mercedes umsonst, wenn ihr ihn als Gegenleistung fahrt. Wir mussten unseren Wartburg bezahlen, wie jeder andere auch."

**11 Freunde:** Manche Spieler wollten sich nicht mit den Verhältnissen abfinden. Lutz Eigendorf war einer von ihnen, Falko Götz ein anderer. Andreas Thom, mit ihm haben Sie noch zusammen gespielt?

**Thom:** Exakt fünf Minuten. Es war in meinem ersten Spiel für BFC Dynamo in der Oberliga gegen FC Carl Zeiss Jena. Ein paar Tage später stand das Rückspiel im Europapokal gegen Belgrad an. Unser Kader startete mit 15 Mann zu einem Stadtbummel in die Belgrader Innenstadt. Als wir zurückkamen, waren wir nur noch 13 Spieler.

Zit. nach: 11 Freunde, Nr. 40, DDR Oberliga, Berlin 2004, S. 38ff.

### 7 Andreas Thom in der DDR-Fußball-Oberliga

Hier am 11.04.1987 im Spiel zwischen dem Berliner Fußball-Club (BFC) Dynamo und dem 1. FC Lokomotive Leipzig im Leipziger Bruno-Plache-Stadion.

---

#### Arbeitsvorschläge

1) Stelle eine Tabelle mit allen Chancen und Risiken einer Republikflucht zusammen.
2) Werte die Tabelle aus. Was könnten Gründe für eine Flucht gewesen sein.
3) Kennst du aus der DDR geflohene Fußballer oder Trainer neben den Genannten. Recherchiere ihre weitere Karriere in der Bundesrepublik.

# 90 Minuten Klassenkampf

Für die einen war es ein Duell, bei dem „Deutschland gegen die DDR" spielte, und für die anderen waren es „90 Minuten Klassenkampf". (Thomas Blees, 1999) Am 22. Juni 1974 kommt es bei der Fußballweltmeisterschaft zu einer Begegnung, die einzigartig war, ist und bleiben wird in der Fußballgeschichte. Die Zeit des Kalten Krieges war im vollen Gange, die Beziehungen zwischen Ost und West schwierig. Die beiden deutschen Staaten treten gegeneinander an. In dem Buch „Doppelpass" beschäftigen sich eine Reihe von Autoren aus Ost und West genau mit diesem Spiel.

### 1 Wer sind denn jetzt die Deutschen?

*Eine Familie in einem westdeutschen Haushalt erlebt das Spiel vom 22. Juni 1974 vor dem Fernseher.*

Nach vierzig Minuten stand endgültig fest: Hier stimmt etwas nicht. Das hatten wir uns anders vorgestellt. Der Onkel spürte es, G. spürte es, ich spürte es – nur G.s Vater redete noch dagegen:

„Die erste Hälfte brauchen wir doch nur zum Warmspielen. Wenn wir wollen, spielen wir mit denen Katz und Maus."

Der Onkel: „Man darf sie nicht unterschätzen. Hinter jedem von ihnen steht praktisch einer mit gezogener Pistole. Die müssen kämpfen. Sonst ab nach Bautzen."

In der Halbzeitpause brachte G.s Mutter ihrem Mann und dem Onkel frisches Bier. Der Onkel half immerhin beim Tragen. G.s Vater, jetzt doch etwas nachdenklich geworden, sagte: „Wir haben uns das zu leicht vorgestellt. Ich kann ja verstehen, dass unsere sich überlegen fühlen. Aber man darf sich keine Schwächen erlauben. Schon gar nicht gegen so einen Gegner."

„Ein besonderes Merkmal des Russen war schon immer die Heimtücke", warnte der Onkel.

„Wer sind denn jetzt die Deutschen?", fragte G.s Mutter, als die zweite Halbzeit angepfiffen wurde.

Die Frage war unter der Würde der Männer. Sie schwiegen. G. antwortete nach einer Weile: „Die Schwarz-Weißen sind die Deutschen. Die Blau-Weißen sind die DDRler."

G.s Mutter sagte: „Aber …"

G.s Vater fiel ihr ins Wort: „Schatz, fang jetzt bitte nicht wieder an, ja? Das sind keine Deutschen. Die Deutschen sind wir. Hier geht es nicht nur um Fußball. Hier geht es auch um Deutschland.

Darüber kann man sich nicht streiten. Also bitte, lass das jetzt!"

G.s Vater war ein wenig erregt. Das war ja auch kein Wunder. Schließlich schossen wir das Tor nicht, das es gebraucht hätte, um endlich anfangen zu können mit dem Einsnull, dem Zweinull, dem Dreinull, dem Viernull. Schließlich war unser Sieg nur eine Frage der Höhe, und je früher man anfing, desto höher konnte es gehen.

Der Onkel sagte: „Sechzig Minuten und immer noch null null. Jetzt sollten die Herren aber mal langsam –"

Er sagte nicht, was die Herren aber mal langsam sollten. Dann kamen die Auswechslungen. Höttges für Schwarzenbeck in der Achtundsechzigsten.

G.s Vater sagte: „Höttges für Schwarzenbeck! Mein Gott, dieser Schön!"

Netzer für Overath in der Neunundsechzigsten.

G.s Vater sagte: „Das darf doch nicht wahr sein! Ausgerechnet den Netzer! Diesen langhaarigen Sozialisten! Den kann er doch gleich bei den anderen mitspielen lassen!" Manche sagten damals, Netzer sei ein besserer Fußballer als Beckenbauer. Aber darüber konnten wir nur lachen. Es passierte wieder nichts.

In der fünfundsiebzigsten Minute sagte G.s Vater: „Jetzt hab ich aber langsam genug! Das ist Arbeitsverweigerung! Da muss doch jetzt endlich mal –"

Der Onkel sagte: „Das hätte es bei uns nicht gegeben! Bei uns hätten die sich jeden Einzelnen von denen zur Brust genommen, das kann ich dir aber versichern! Eine Frechheit ist das!"

Er sagte nicht, wen er mit „uns" und „die" meinte.

In der achtundsiebzigsten Minute schoss Jürgen Sparwasser das Einsnull. Ich hatte das Gefühl, von einem Dolch ins Herz getroffen worden zu sein, und ich wusste gleich, dass es keine Rettung mehr gab.

G.s Vater und der Onkel tobten vor Wut. Ich verstand nicht genau, was sie durcheinander brüllten, nur einzelne Wörter, die immer wieder vorkamen, hörte ich heraus. Die Wörter lauteten: „Schön", „Sozialisten", „Faules Pack", „viel zu gut" und „Lager".

Als sich nach einigen Minuten die Aufregung etwas gelegt hatte, sagte der Onkel etwas von „Rückzugsgefecht" und „Sieg in letzter Minute".

Dann sagte G.s Mutter: „Das ist doch toll! Das ist doch toll, dass wenigstens einer ein Tor schießt. Und der, der das Tor geschossen hat, ist doch ein Deutscher."

Ich glaube, sie meinte es so, wie sie es sagte, nicht als Provokation. Ihr Mann pumpte stoßweise Luft in seine Lungen, und einen Moment lang fürchtete ich, er sei dabei zu ersticken. Dann schrie er mit sich überschlagender Stimme los: „Wenn einer aus der DDR gegen uns ein Tor schießt, dann kann man doch nicht sagen, der ist Deutscher! Dann ist das ein Kommunist! Diese Leute wollen uns alles wegnehmen, was wir uns aufgebaut haben, und uns umbringen, verstehst du das denn nicht? Wir müssen unser Land verteidigen, unser Eigentum, unser Hab und Gut. Denen ist nichts heilig, verstehst du denn gar nichts! Wenn die kommen, dann hört der Spaß auf."

Zit. nach: Brandt, J. (Hg.), Doppelpass: Geschichten aus dem geteilten Fußballdeutschland, Idstein 2004, S.124 ff.

---

### Arbeitsvorschläge

1) Unterstreiche in M1 alle Passagen, die du direkt mit "90 Minuten Klassenkampf" in Verbindung setzen kannst.
2) Notiere dir alle Vorurteile in der Quelle und setze Sie anschließend in einen historischen Kontext. Begründe, wie es zu diesen Vorurteilen kommen könnte.

# DDR-Oberliga, Abbild der Gesellschaft

Die DDR-Oberliga war durch die Funktionäre ausersehen, ein Abbild der Gesellschaft zu sein. So wurde auf teilweise höchst fragwürdige Weise in den Spielbetrieb der höchsten Fußballspielklasse der DDR eingegriffen. Ob es nun Eingriffe in die Zusammensetzung der Liga an sich oder in den Spielbetrieb waren, scheinbar schreckten die Sportfunktionäre vor nichts zurück.

### 1 Einflussnahme durch Funktionäre

Dass im ersten Jahr gleich die BSG Horch Zwickau gewinnt, passt den Funktionären sehr, eine Mannschaft aus der Arbeiterklasse macht sich gut. Als sich die inzwischen in BSG Motor umbenannten Zwickauer aber anschicken, ihren Titel zu verteidigen, ist die Stimmung in Berlin nicht mehr ganz so gut. Denn die Zwickauer haben es sich mit den Fußballmächtigen gründlich verdorben. Beim Spiel Chemie Leipzig gegen die Gäste aus Zwickau kommt es beim Stand von 1:2 kurz vor Schluss zu einer Rangelei, in deren Verlauf Zwickaus Torhüter Joachim Otto über die Linie gedrängelt wird. Der Treffer wird gegeben und nach allerlei Beschimpfungen gehen die Zwickauer wütend und grußlos vom Platz. „Ihr größtes Vergehen indes ist", konstatieren Baingo und Horn, „dass sie weder den ihnen zugedachten Wimpel noch die Blumen der Gesellschaft für Deutsch-Sowjetische Freundschaft annehmen. Schließlich haben die Funktionäre das Spiel dafür ausersehen, es im Zeichen der Freundschaft stattfinden zu lassen." Das Ende vom Lied: Gleich acht Zwickauer Spieler werden gesperrt, auch ein Grund, warum sich die Mannschaft aus dem Erzgebirge die Titelverteidigung abschminken muss.
Zit. nach: 11 Freunde, Nr. 40, DDR Oberliga, Berlin 2004, S. 35 ff. (Rosner, M., Köster, P.)

### 2 Fußballvereine – Gesellschaft

Das Jahr 1966. Ich spielte in meinem Heimatverein Fußball. Der Verein hieß „Aktivist". Er war eine Betriebssportgemeinschaft. Als Träger hatten wir eine Kohlezeche.

Jede Betriebssportgemeinschaft in der DDR, die eine Zeche als Träger hatte, hieß „Aktivist". Vereine mit Träger Schwermaschinenbau hießen „Motor". Wo die Polizei Träger war, hieß der Verein „Dynamo". Die von der Armee hießen „ASK". „Traktor" hießen die mit dem Träger Landwirtschaft, also LPG. Das Prinzip hatte sich die DDR von der Sowjetunion abgeschaut. Die alten Vereins-namen wurden ignoriert. Es sollte nichts an alte Zeiten erinnern. Die Sowjetunion wurde als großes Vorbild hingestellt. In der DDR-Oberliga spielten nur Bezirksstädte. Es wurde staatlich so gelenkt. Das beste Beispiel war Aktivist Brieske Senftenberg. Dieser Verein spielte 13 Jahre, bis 1963, in der DDR-Oberliga. Dann wurde der Sportclub Cottbus gegründet und viele Spieler aus Brieske wurden dorthin delegiert, so nannte man es damals. Sie mussten dort spielen. Natürlich wurden die Spieler von den Trägerbetrieben des Sportclubs erheblich finanziell unterstützt und Betriebsangehörige. Das war das Prinzip, um den Status Profi vor dem westlichen Ausland zu umgehen. Brieske war ein kleiner Ort im Kreis Senftenberg und es ging nicht an, dass ein kleiner Ort in der Oberliga spielt und die Bezirksstadt Cottbus nicht. Übrigens heißt jetzt der Fußballclub Cottbus, Energie Cottbus. In den unteren Klassen war es ebenso. In der DDR-Liga, das war die zweite Liga, spielten die Städte mit Großbetrieben als Träger des Fußballvereins und die zweiten Vereine der Fußballclubs der Bezirksstädte. In der Bezirksliga spielten meistens die Kreisstädte. Ab Bezirksklasse spielten dann alle anderen Städte und Dörfer, auch wir.
Zit. nach: www.online-roman.de/fussball/fussball-010.html (15.10.2005) (Das verschaukelte Spiel, © Friedrich Buchmann)

### 3 DDR-Oberliga im Gründungsjahr 1949/50 (Abschlusstabelle) . . .

| Pl. | Verein | Tore | Pkt. |
|---|---|---|---|
| 1. (2.) | ZSG Horch Zwickau | 69:27 | 41-11 |
| 2. (1.) | SG Friedrichstadt | 87:29 | 39-13 |
| 3. (3.) | BSG Waggonbau Dessau | 67:36 | 37-15 |
| 4. (4.) | BSG Turbine Erfurt | 58:30 | 35-17 |
| 5. (5.) | ZSG Union Halle | 56:38 | 31-21 |
| 6. (6.) | BSG Franz Mehring Marga | 49:48 | 31-21 |
| 7. (7.) | BSG Märkische Volksstimme Babelsberg | 42:66 | 24-28 |
| 8. (8.) | ZSG Industrie Leipzig | 38:45 | 22-30 |
| 9. (9.) | Einheit Meerane | 38:56 | 21-31 |
| 10. (10.) | BSG Hans Wendler Stendal | 31:45 | 19-33 |
| 11. (12.) | SG Gera Süd | 34:54 | 19-33 |
| 12. (13.) | ZSG Altenburg | 34:50 | 17-35 |
| 13. (11.) | ZSG Anker Wismar | 35:60 | 17-35 |
| 14. (14.) | BSG Vorwärts Schwerin | 30:84 | 11-41 |

### . . . und im letzten Jahr ihres Bestehens 1990/91.

| Pl. | Verein | Tore | Pkt. |
|---|---|---|---|
| 1. (2.) | Hansa Rostock | 44:25 | 35-17 |
| 2. (1.) | Dynamo Dresden | 48:28 | 32-20 |
| 3. (3.) | FC Rot-Weiß Erfurt | 30:26 | 31-21 |
| 4. (4.) | Hallescher FC Chemie | 40:31 | 29-23 |
| 5. (5.) | Chemnitzer FC | 24:23 | 29-23 |
| 6. (7.) | FC Carl Zeiss Jena | 41:36 | 28-24 |
| 7. (8.) | 1. FC Lokomotive Leipzig | 37:33 | 28-24 |
| 8. (6.) | BSV Stahl Brandenburg | 34:31 | 27-25 |
| 9. (9.) | Eisenhüttenstädter FC Stahl | 29:25 | 26-26 |
| 10. (10.) | 1. FC Magdeburg | 34:32 | 26-26 |
| 11. (12.) | FC Berlin | 25:39 | 22-30 |
| 12. (11.) | FC Sachsen Leipzig | 23:38 | 22-30 |
| 13. (13.) | FC Energie Cottbus | 21:38 | 16-36 |
| 14. (14.) | Viktoria Frankfurt/Oder | 29:54 | 13-39 |

beides nach: www.fussballdaten.de (5.10.05)

| | Landwirtschaft | Polizei | Armee | Bergbau | Chemieunternehmen | Stahlwerk, Verkehrsbetriebe |
|---|---|---|---|---|---|---|
| **Aktivist Brieske Senftenberg** | | | | | | |
| **ASK Vorwärts Berlin** | | | | | | |
| **Dynamo Dresden** | | | | | | |
| **BFC Dynamo** | | | | | | |
| **Wismut Aue** | | | | | | |
| **Stahl Brandenburg** | | | | | | |
| **Chemie Buna Schkopau** | | | | | | |
| **1. FC Lok Leipzig** | | | | | | |
| **Traktor Behrenhoff** | | | | | | |

----- **Arbeitsvorschläge** -----

1) Untersuche M1 und begründe, warum die Funktionäre gegenüber den Fußballern zu so einer drastischen Maßnahme griffen? Gibt es im Weltfußball ähnliche oder vergleichbare Vorgänge, wenn ja wo?
2) Sortiere mit Hilfe von M2 die folgenden Vereine in die Tabelle nach Wirtschaftzweigen ein. Welchen Vereinen kann man auch noch heute in der Bundesliga einen „Trägerbetrieb" zuordnen?
   – Aktivist Brieske Senftenberg, ASK Vorwärts Berlin, Dynamo Dresden, BFC Dynamo, Wismut Aue, Stahl Brandenburg, Chemie Buna Schkopau, 1. FC Lok Leipzig, Traktor Behrenhoff
   – Landwirtschaft, Polizei, Armee, Bergbau, Chemieunternehmen, Stahlwerk, Verkehrsbetriebe

# 5. „Nur zwei Germanen in der Anfangsformation" – Rassismus vor und hinterm Tor

*„… Rassismus ist eines der größten Probleme im europäischen Fußball. Viele mögen glauben, das Problem sei verschwunden – aber das stimmt nicht. Es ist an der Zeit für uns alle – Spieler, Fans, Offizielle – Stellung zu beziehen: Es ist an der Zeit, endlich aufzustehen und die Stimme zu erheben!"*

Diese Äußerungen des französischen Nationalspielers und Weltmeisters Thierry Henry irritieren. So zugespitzt formulieren das sicher wenige Beteiligte des Fußballgeschäfts. Henry hat sich als Konsequenz dieser Äußerung zum Frontmann einer Kampagne gemacht, die die schweigende Mehrheit der Fans ermuntern und aufrütteln will. Gesponsert von der Ausrüsterfirma Nike sollen Organisationen in ganz Europa unterstützt werden, die sich gegen Rassismus im Fußball einsetzen. Schülerinnen und Schüler haben häufig hiermit Kontakt, ohne sich darüber Rechenschaft abzulegen. Einige von ihnen tragen ein schwarz-weißes Armband mit dem Schriftzug „stand up speak up". Das Motto der Kampagne.

Es scheint daher lohnend zu sein, mit Schülerinnen und Schülern das Thema Fremdenfeindlichkeit, Rassismus und Gewalt gegen Ausländer einmal von der sportlichen Seite aus zu behandeln. Dabei sollen im Folgenden neuere Entwicklungen und Ereignisse aus deutscher und internationaler Perspektive beleuchtet werden.

### Rassismus – ein europäisches Phänomen

Rassistische und rechtsextreme Phänomene begleiten den italienischen Fußball seit langem. Am 6. Januar 2005 konnte beim römischen Derby ein neuer Höhepunkt ausgemacht werden. Nach einem sehenswerten Treffer von Paolo di Canio lief er in die Kurve der Fans von S.S. Lazio und grüßte sie mit dem salute romano – dem Gruß der römischen Caesaren. Der mit gestrecktem rechtem Arm entrichtete

Gruß ist besser bekannt als faschistischer Gruß in Italien und NS-Deutschland. Canio selbst leugnete später diesen Zusammenhang: „Das war keine politische Geste. Ich habe lediglich ein Tor gefeiert und meinen Arm ausgestreckt." Bei den für das rechte Gedankengut bekannten Lazio-Anhängern hätte er solche Ausreden nicht gebraucht. Für sie war der Zusammenhang wie für die Öffentlichkeit offensichtlich. Zumal der Torschütze mit der Tätowierung „DUX" (lat. Führer) auf seinem rechten Oberarm auch direkt auf Mussolini anspielt und seine Begeisterung für den Diktator nicht verbirgt.

Der Hitlergruß hätte in Deutschland strafrechtliche Folgen, anders in Italien. Auch dem Zeigen von faschistischer Emblematik folgte dort kein Nachspiel. Das öffentliche Echo auf die Tat blieb in Italien verhalten, der Präsident von Lazio äußerte sogar Verständnis. Gesperrt wurde Canio nicht, lediglich eine Zahlung von 10.000 Euro Strafe wurde ihm auferlegt. Kein Wunder, dass in Italien die Fankultur in vielen Stadien von rassistischen und rechtsextremen Gruppen dominiert wird.

Ein anderes Beispiel illustriert die Situation in Spanien. Auch dort neigt man offensichtlich dazu, rassistische Sprüche zu beschönigen. Nationaltrainer Luis Aragonéz motivierte seinen Spieler Reyes, indem er ihm versicherte, dass er besser sei als Thierry Henry – schließlich nur ein „negro de mierda" (ein Scheißneger). In Deutschland und England wäre ein Nationaltrainer sicher nicht zu halten gewesen. Anders in Spanien: Verständnisvolle Kollegen traten für Aragonéz ein, der Verband stützte seinen Teamchef. Aragonéz zahlte brav 3000 Euro und blieb Nationaltrainer. Dabei hat die UEFA klar dazu aufgerufen, der Fremdenfeindlichkeit entgegenzutreten. Ein Zehn-Punkte-Programm führt Maßnahmen auf, die bei Vorfällen zu ergreifen sind (FARE-Programm).

Aber auch Deutschland ist nicht frei von solchen Phänomenen. Trauriger Höhepunkt war u. a. ein Spiel von Hannover 96 bei Energie Cottbus im Jahr 1997. Dort spielten für die Niedersachsen die farbigen Mittelfeldspieler Otto Addo und der Stürmer Gerald Asamoah. Tausende Cottbuser riefen minutenlang „Neger raus!". Nichts geschah. Weder unterbrach der Schiedsrichter das Spiel, noch ahndete der DFB im Nachhinein die Vorgänge.

### Deutsche Reaktionen

Das war kein Einzelfall. Urwaldgeschrei, das Werfen von Bananen, Asylanten-Sprechchöre gehörten vor allem Anfang der 1990er Jahre zur Begleitung vieler Fußballpartien der Bundesliga, wenn dunkelhäutige Spieler der gegnerischen Mannschaft am Ball waren. In den 1980er-Jahren waren zahlreiche Fan-Clubs eng verbunden mit rechtsradikalen Gruppierungen und Parteien. Bei der „Borussenfront" in Dortmund wirkte der Neonazi S. Borchardt, alias „SS-Siggi", bei Hertha in Berlin trieb eine gewisse „Wannseefront" ihr Unwesen usw. Die Liste ließe sich fortsetzen.
Allerdings muss man sagen, dass sich die Situation in Deutschland mittlerweile geändert hat. Vereine, der DFB, vor allem jedoch zahlreiche Fan-Initiativen richten sich heute gegen die dumpfen Parolen der Rassisten. Anfang der 1990er-Jahre gründeten sich Faninitiativen, die aktiv gegen die rechte Kultur in den Stadien vorgingen. Pfeifkonzerte sind heute keine Seltenheit mehr, wenn aufkommende Affenlaute von vereinzelten Gruppen angestimmt werden. Überregionale Faninitiativen wie BAFF (Bündnis Aktiver Fußballfans) spielten bei dieser Entwicklung eine Rolle.

Auch die Vereine reagierten. Rechtsradikale Symbole – wie die häufig geschwenkte Reichskriegsflagge – wurden aus den Stadien verbannt. Besonders konsequent ging der FC Schalke 04 vor. Als klare Absage an den Rassismus änderte der Verein sogar 1994 die Satzung. Künftig droht Mitgliedern nach „Kundgabe rassistischer oder ausländerfeindlicher Gesinnung" der Ausschluss aus dem Club. Aufrichtige Verachtung fremdenfeindlicher Angriffe auf die eigenen Spieler mag ein wesentliches Motiv gewesen sein. Zweifellos ist es dem Fußballgeschäft im Medienzeitalter nicht zuträglich, wenn ständig Reichskriegsflaggen und Skinheads die Bildschirme bevölkern und somit den wirtschaftlichen Aufschwung beeinträchtigen.

Der DFB unterstützt grundsätzlich antirassistische Aktionen. Allerdings scheint kein ausgesprochenes Problembewusstsein vorhanden zu sein. So erklärt ein DFB-Funktionär im Jahr 2000 vor dem Europäischen Parlament: „Damals hatten wir Rassismusprobleme … Dies brachte uns dazu, die Kampagne ‚friedlich miteinander – Mein Freund ist Ausländer' umzusetzen … Der Erfolg setzte schnell ein. Das Problem ist heute fast verschwunden." (Zit. nach: www.uni-koeln.de, Este, V., Das Goldene Tor, Mai 2002) Man kann dem Sprecher bestenfalls Naivität unterstellen.
Gravierender hingegen gestaltete sich eine Auseinandersetzung um den DFB-Präsidenten G. Mayer-Vorfelder. Der DFB hatte eine Ausstellung finanziell unterstützen wollen, die Rassismus im Fussball thematisiert. Die Ausstellungsmacher prangerten jedoch „MV" selbst an, zumindest eine rassistische Sprache zu pflegen (siehe Arbeitsblatt „Sprache und Menschenbild", M1). Der DFB entzog daher dem Projekt (www.tatort-stadion.de) seine Unterstützung.

---

#### Einsatz im Unterricht

### Ansätze zur Arbeit mit Schülern

Dass die Erziehung zu Toleranz und die Achtung der Menschenrechte einen wichtigen Platz im Schulleben haben müssen, ist überflüssig zu sagen. Daher kommt es eher darauf an, wie man mit Schülern diese Thematik aufgreift. Im Jahr der WM interessieren sich die zahlreichen fußballbegeisterten Schülerinnen und Schüler stärker für die historischen und politischen Ursachen von Rassismus vor und hinter dem Tor.
Die folgenden Materialien und Arbeitsblätter lassen alternative Unterrichtseinsätze zu. Denkbar ist der motivierende Einsatz eines Zitats von Gerhard Mayer-Vorfelder („Sprache und Menschenbild", M1) zu Beginn der Unterrichtsreihe. Die Schülerinnen und Schüler werden sicher die historischen Anspielungen und politischen Implikationen dieser Aussagen rasch erkennen. Von hier aus lassen sich die Leitfragen einer Unterrichtsreihe entwickeln.
Eine Gruppe von Materialien (M1–3) dient dazu, über konkrete, aktuelle Berichte einen Zugang zum Thema zu finden. Hierbei kommen Betroffene zu Wort (Addo, Hartwig). In einem projektartigen Unterricht würde sich anbieten, die Interviewform aufzugreifen. Schülerinnen und Schüler finden sicher Interesse daran, die Aussagen von Addo zu prüfen. Man könnte arbeitsteilig Fragebögen entwickeln und eine aktuelle Umfrage unter ausländischen bzw. farbigen deutschen Bundesligaspielern organisieren. Mittels

E-Mail lassen sich die Vereine ansprechen. Die Rückmeldungen sollten für eine kleine Ausstellung aufbereitet oder in der Schülerzeitung veröffentlicht werden.

Eine zweite Gruppe von Materialien (M4–8) dient dazu, die Ursachen von Rassismus zu erarbeiten. Folgende Aspekte könnten den Unterricht bestimmen:

- die Analyse des Begriffs Rassismus mithilfe von Lexikoneinträgen
- die wissenschaftlichen Erklärungsversuche für Vorurteile, Diskriminierungen und Fremdenfeindlichkeit
- die Formulierung von Kritik an vorgenannten Erklärungsversuchen (Mögliche Einwände in der zweiten Spalte von M6 werden nicht präsentiert, sondern von den Schülern formuliert.)
- die Reflexion über die persönliche Wahrnehmung von Fremdenfeindlichkeit

Bezüge zur historischen Ausprägung rassistischen Denkens sollten dabei unbedingt Berücksichtigung finden. Eine Zusammenarbeit mit dem Geschichtsunterricht bietet sich natürlich an, wenn die Rolle des Hitlergrußes, die Frage deutscher bzw. französischer Kolonien, die Entwicklung der Immigration im 20. Jahrhundert usw. berührt werden.

# Rassismus im Stadion

Was in Frankreich und England seit langem Alltag ist, entwickelt sich in Deutschland erst langsam zur Normalität: Farbige Spieler in der Nationalmannschaft. In der Bundesliga sind Ausländer hingegen seit langem Garanten für die Stellung der Liga im internationalen Vergleich. Die Erfahrung dieser Spieler mit Rassismus stimmen allerdings bedenklich, wenngleich sich die Situation zu bessern scheint.

### 1 „Neger raus!"

*Der Bundesligaspieler Otto Addo äußert sich in einem Interview zu seinen Erfahrungen mit rassistischen Anfeindungen in und außerhalb des Fußballplatzes im Jahr 2005:*

**11 Freunde:** Otto Addo, der Rassismus scheint zurück in Europas Stadien, zumindest häufen sich nach Jahren der vermeintlichen Ruhe wieder die Schmähungen farbiger Spieler. Ein Grund für Sie, sich zu engagieren, wie in der aktuellen Kampagne „Stand up Speak up"?

**Addo:** Es ist und bleibt ein wichtiges Thema. Und es ist gut, dass viele Spieler wie Christoph Metzelder diese Kampagne unterstützen. Die Fans in den Stadien müssen motiviert werden, rassistische Äußerungen im Stadion nicht zu akzeptieren.

**11 Freunde:** Urwaldlaute gehören zum Standard-Repertoire der Rassisten auf den Rängen. Bisweilen begegnen Ihnen Vorurteile aber auch dort, wo man sie nicht erwartet. Nämlich auf dem Spielfeld.

**Addo:** Ja. Es gibt ein, zwei Spieler, deren Namen ich nicht nennen möchte, die haben mich in der 2. Liga noch beleidigt, und nun in der 1. Liga, wo ich für Dortmund spiele, waren die freundlich zu mir.

**11 Freunde:** Was geht Ihnen da durch den Kopf?

**Addo:** Ich bin der Typ, der nicht auf Konfrontationen eingeht, ich nehme das so hin und hoffe für mich, dass solche Menschen ihren Teil gelernt haben.

**11 Freunde:** Täuscht der Eindruck, dass der Rassismus zumindest in der Bundesliga in den vergangenen Jahren abgenommen hat?

**Addo:** Nein, in der 1. Liga hat das nachgelassen. Dafür gibt es aber in den unteren Ligen, in der 2. und 3. Klasse etwa, mehr Anfeindungen. Ich weiß von Freunden, die da spielen, dass die sich des Öfteren rassistische Äußerungen anhören müssen.

**11 Freunde:** Gibt es denn in der 1. Liga dafür eher eine versteckte Form von Rassismus? Also keine Affenlaute mehr, dafür sind die Fans aber kritischer?

**Addo:** Von ausländischen Spielern wird oft mehr erwartet als von deutschen. Manche Fans glauben ja, dass diese Spieler den deutschen den Platz wegnehmen. Die Spieler sind oft teurer, werden extra eingekauft, dadurch sind die Erwartungen auch höher.

**11 Freunde:** Sie haben eigene Erfahrungen mit Rassismus im Stadion sammeln müssen. Das Spiel Energie Cottbus – Hannover 96 im Jahre 1997 geriet zum Spießrutenlauf. Ihr schlimmstes Erlebnis?

**Addo:** Außerhalb des Sports gab es noch schlimmere Sachen, aber was den Fußball angeht, war es das, ja. Weil das Stadion damals mit 20.000 Zuschauern voll war, und auf einmal schreien die Fans zwei, drei Minuten lang: „Neger raus!" Ich hab' gedacht, ich bin im falschen Film. Auch die Gegenspieler haben mich und Gerald Asamoah beleidigt, wollten uns provozieren.

**11 Freunde:** Gab es keine Durchsagen vom Stadionsprecher, um dem Treiben etwas entgegenzusetzen?

### 2 Otto Addo

**Addo:** Ganz im Gegenteil. Ich weiß nicht, ob es dem Cottbuser Trainer Eduard Geyer in dem Moment bewusst war, aber als viele Zuschauer „Neger raus!" geschrien haben, stand er an der Seitenlinie und hat die Leute ermuntert, weiterzuschreien. Ich weiß nicht, ob er gehört hat, was sie gebrüllt haben.

**11 Freunde:** Und gab es nachher Reaktionen? Das Spiel wurde ja live im Fernsehen übertragen, und auch wenn der Reporter gar nicht auf die Sprechchöre eingegangen ist, konnten die Zuschauer mitbekommen, was da passiert.

**Addo:** Von Cottbuser Seite ist da nichts gekommen. Gerald Asamoah und ich wurden danach aber sehr häufig interviewt. Das war es dann auch. Von offizieller Seite, etwa vom DFB, wurde auch nichts gegen Cottbus eingeleitet, das war einfach ad acta gelegt. [...]

**11 Freunde:** Hat Rassismus eine Rolle während der Karriere gespielt, bei der Auswahl eines Klubs? Ganz konkret: Haben Sie vor einem Wechsel Informationen über das Umfeld eingeholt?

**Addo:** Klar spielt das eine Rolle. Aber es ist nie so gewesen, dass ich deswegen eine Entscheidung gegen einen Verein habe treffen müssen. Als Anfang der 90er die Gewalttaten im Osten gegen Ausländer zunahmen, wäre ich da nicht hingewechselt. Dass ich mich damals für die ghanaische Nationalmannschaft entschieden habe, hängt auch mit negativen Erfahrungen zusammen. Ich finde allerdings sehr gut, dass Gerald Asamoah für Deutschland spielt. Das muss jeder für sich entscheiden.

**11 Freunde:** Die deutsche Fußballberichterstattung liebt die Klischees. Streng nach dem Motto: Der ballverliebt tänzelnde Afrikaner hier, der hölzerne deutsche Abwehrspieler dort. Nerven Sie solche Stereotype?

**Addo:** Das stört schon ein bisschen, aber damit kann ich umgehen. Der krasse Rassismus, jemanden wegen seiner Hautfarbe anzufeinden, ist viel schlimmer.

**11 Freunde:** Hat sich die Situation in der obersten Spielklasse auch entspannt, weil es farbige Nationalspieler gibt, weil „multikulturelle" Teams normal sind?

**Addo:** Auch dank Gerald Asamoah oder Patrick Owomoyela sind farbige Spieler mittlerweile viel mehr anerkannt und akzeptiert. Ich denke, dass man generell differenzieren muss zwischen jenen Fans, die einfach nur den Gegner irritieren wollen, und zwischen denen, die das genauso meinen, was sie sagen.

**11 Freunde:** Sie haben eben bereits angesprochen, dass Rassismus Ihnen ja nicht nur auf dem Fußballfeld begegnet ist. Sie haben als Jugendlicher in Hamburg Schlimmes erlebt.

**Addo:** Ja, da haben mich zum Beispiel Skinheads verfolgt. Ein Freund von mir wurde verprügelt, ich stand kurz davor. Zwei, drei Mal konnte ich entwischen. Die haben uns mit Autos verfolgt, Flaschen nach uns geschmissen. Ich konnte das bei meiner Mutter nicht problematisieren, weil sie mich dann nicht mehr zum Fußball gelassen hätte. Wir leben in Norderstedt, wo es damals viele Rechtsradikale gab. Wenn ich vom Training kam, wurde ich einige Male verfolgt. Ich habe versucht, die Skinheads zu meiden, habe eine andere Haltestelle genommen, um deren Treffpunkt aus dem Weg zu gehen.

**11 Freunde:** Sie haben mal erzählt, dass es auch in Dortmund noch vorkommt, dass Bahn-Schaffner Sie nach einer Fahrkarte fragen, Ihre weißen Freunde aber nicht.

**Addo:** So was erlebe ich auch immer noch. Mitunter tut es ihnen auch Leid, wenn sie mich dann erkennen. Zum Beispiel die Polizei: Wenn sie sehen, dass ein dunkelhäutiger Mensch einen teuren Wagen fährt, dann drehen die auf der Straße um und halten dich an. Manchmal passiert das drei Mal am Tag. Und dann fordern sie in einem ernsten Ton Ausweispapiere von mir und allen Insassen. Einmal mussten wir sogar aussteigen und uns durchsuchen lassen. Wenn sie dann meinen Namen lesen, werden die Stimmlagen gleich freundlicher, zumindest wenn sie Ahnung vom Fußball haben und mich erkennen. So was ist mir überall passiert, in Hamburg, Hannover, Dortmund. Es kommt heute auch noch vor, dass mich Dortmund-Fans in gebrochenem Englisch ansprechen.

**11 Freunde:** Wie beurteilen Sie das Engagement der Verbände im Kampf gegen den Rassismus? Es gibt ja Vorwürfe, dass der DFB sich höchstens zu Alibiaktionen wie „Mein Freund ist Ausländer" hat hinreißen lassen […]

**Addo:** Die könnten ruhig offensiver mit dem Thema umgehen, die setzen sich schon eher mit anderen Problemen auseinander. Da muss der Druck halt von der Öffentlichkeit kommen.

Zit. nach: 11 Freunde, Nr. 43, April 2005, S. 39 f.

**3** | **Werbebild von Stand up Speak up**

**4** Gerald Asamoah

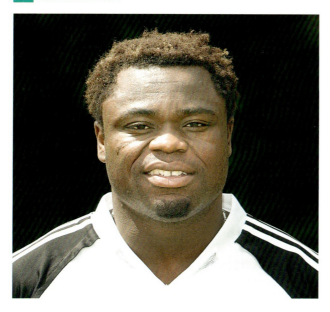

**5** „Wir bräuchten viel mehr Asamoahs"

*Erwin Kostedde und Jimmy Hartwig waren in den 1970er Jahren die ersten deutschen Nationalspieler mit dunkler Hautfarbe. Ein Zeitungsartikel berichtet über ihre Erlebnisse:*
Anders als Asamoah, der in Ghana geboren und später eingebürgert wurde, sind Kostedde und Hartwig als Deutsche in Deutschland aufgewachsen. Lediglich die Väter waren schwarze US-Soldaten, die sie aber nie kennen gelernt haben. Und dennoch: Während Asamoah kaum mit Rassismus zu kämpfen hat und sogar mit seiner Hautfarbe kokettiert („Ich bin der Schwärzeste"), bekamen Kostedde und Hartwig in den siebziger Jahren noch die volle Ladung Fremdenfeindlichkeit zu spüren.
„Wenn ich mit der Nationalmannschaft gespielt habe, dann wurde ich als Scheißdeutscher beschimpft. Wenn ich mit dem HSV bei Bayern gespielt habe, haben die Fans Scheißneger gerufen", erinnert sich der mittlerweile 45-jährige Hartwig, der 1979 zwei Länderspiele absolvierte. Bei Kostedde, der 1974 und 1975 zu drei Einsätzen kam, waren die Erlebnisse noch einschneidender: In Dortmund zum Beispiel konnte Trainer Otto Rehhagel seinen Mittelstürmer zeitweise nur auswärts einsetzen, weil die rechtsradikale „Borussenfront" bei Heimspielen gegen ihn hetzte. Lediglich bei seinem Ex-Klub Kickers Offenbach wird der „Braune Bomber", wie er auch in Anlehnung an Gerd Müller genannt wurde, immer noch als Kultfigur verehrt.
Zit. nach: www.ngz-online.de/public/start/nachrichten/fussball vom 07.06.01. (13.10.05)

**6** Entwicklungen in der Bundesliga

*Ein Artikel in der Fußballzeitung 11Freunde zeigt die Veränderungen in der Bundesliga in den letzten Jahren auf:*
Über die Ursachen des Rassismus sind viele Bücher geschrieben worden und auch über die speziellen Ausformungen der Fremdenfeindlichkeit in den Fußballstadien wurde manch kluger Aufsatz verfasst. Doch so genau man inzwischen die Motive der krakeelenden Anhänger kennt, so sehr man unterscheiden muss, zwischen spontanen Eruptionen unbedarfter Jungspunde und tiefsitzenden Ressentiments überzeugter Neonazis, so fest hat sich dennoch inzwischen die Erkenntnis gesetzt, dass allein entschlossenes Handeln den Rassismus aus den Stadien fernhält.
Als ein gelungenes Beispiel darf durchaus die deutsche Bundesliga herhalten. Denn in den hiesigen Stadien sind zumindest Sprechchöre gegen dunkelhäutige Spieler eine Seltenheit. Seit Mitte der 90er Jahre haben sich die Urwaldrufe langsam aus den Stadien verflüchtigt, auch artverwandte Sprechchöre wie der „Asylanten"-Ruf sind weitgehend verschwunden. Die Folge eines Zusammenwirkens ganz unterschiedlicher Faktoren. Da waren zunächst einmal die Anhänger selbst. Die zahlreichen Fanzines und Faninitiativen wie BAFF (Bündnis Aktiver Fußballfans), die sich seit Anfang der 90er Jahre gegründet hatten, artikulierten erstmals den Protest vieler Anhänger gegen die dumpfe Fremdenfeindlichkeit in den Blöcken, gegen den blinden Hass, der vielen ausländischen Spielern entgegenschlug. Fortan konnten sich Schreihälse nicht mehr sicher sein, dass der Block freudig ins Urwaldgeschrei einstimmen würde. Stattdessen kommentierten viele Fans aufkommende Affenlaute mit Pfeifkonzerten. Dieser antirassistische Konsens hat bis heute Bestand, von Ausnahmen abgesehen. Bananen werden vorläufig nur geschmissen und Affenlaute nur dann angestimmt, wenn Bayerns Torhüter Oliver Kahn zu Gast ist. Was allerdings nicht viel intelligenter ist.
Aber auch die Vereine haben auf die rassistischen Umtriebe reagiert. Nicht, weil den Vereinsvorständen plötzlich flächendeckend multikulturell zumute gewesen wäre, vielmehr setzte sich schnell die Einsicht durch, dass Gewalt und Fremdenfeindlichkeit abschreckend auf Besucher, Werbekunden und Fernsehzuschauer wirken. Rassismus als geschäftliches Risiko. Nur konsequent ging es vielen Vereinen dann auch vor allem darum, offenkundig rassistische Äußerungen und Symbole aus den Stadien zu verbannen. Durchaus mit Erfolg, wer heutzutage aus der Sitzschale heraus Affenlaute anstimmt, muss immer häufiger mit Konsequenzen rechnen. Auch offenkundig rechtsradikale Symbole wie etwa die Reichskriegsflagge sind von den Zäunen verschwunden. Doch nur wenige Klubs haben so konsequent über Jahre den Rassismus in den Stadien bekämpft wie der FC Schalke 04. Die Gelsenkirchener nahmen bereits 1994 einen Paragrafen in die Satzung auf, wonach Mitglieder nach „Kundgabe rassistischer oder ausländerfeindlicher Gesinnung" aus dem Verein ausgeschlossen werden können. Viel wichtiger jedoch als gedruckte Bekenntnisse erwies sich die Bereitschaft zum Handeln. So wurde erst jüngst gegen einen 21-Jährigen, der in seine Fahne das Logo der rechtsradikalen Skin-Band „Skrew-driver" integriert hatte, ein dreijähriges bundesweites Stadionverbot ausgesprochen. „Wir wollen weithin sichtbar machen, dass Rechtsextreme auf Schalke keine Chance haben und sie auch deutlich aus dem Verein und seinem Umfeld ausgrenzen", erklärt Schalkes Geschäftsführer Peter Peters.
Zit. nach: 11 Freunde, Nr. 43, April 2005, S. 35.

### 7 "Rassismus nimmt zu"

*Ende 2004 häuften sich rassistische Aktionen in europäischen Stadien. Beim Länderspiel Spanien – England schrieen Fans von Real Madrid Affenlaute, wenn die farbigen Spieler den Ball hatten. In einem Interview äußerte sich der Soziologie-Professor Gunter Pilz zu den Ursachen und Tätern:*

**SPIEGEL ONLINE:** Herr Pilz, müssen wir uns nach den Geschehnissen in Madrid an rassistische Parolen in europäischen Stadien gewöhnen?

**Pilz:** Der Rechtsradikalismus in Fußballstadien ist ein Phänomen, das wir schon länger haben. Jetzt tritt es durch einen verstärkten Fokus auf die rechtsradikale Fanszene eben in den Vordergrund. Seit Jahrzehnten beschäftigen wir uns mit Rassismus, und das nicht nur im Fußball. Aber dort schauen eben alle hin, da bekommt es jeder mit.

**SPIEGEL ONLINE:** Also kein fußballspezifisches Problem?

**Pilz:** Auf keinen Fall. Der Fußball ist kein Hort des Rechtsradikalismus. Er tritt dort genauso häufig auf wie überall in der Gesellschaft sonst auch.

**SPIEGEL ONLINE:** Was sind die Ursachen?

**Pilz:** In erster Linie die Perspektivlosigkeit auf Grund sozialer, wirtschaftlicher Probleme. Das führt zu einem verminderten Selbstwertgefühl, gegen das mit solchen rassistischen Ausbrüchen angekämpft wird. Und wenn, wie jetzt in Sachsen und Brandenburg, die rechten Parteien gute Wahlergebnisse erzielen, steigt dadurch natürlich das Gefühl, als Rechtsradikaler gesellschaftsfähig zu sein. Das führt dazu, dass sie ihre Deckung aufgeben. Das Skandieren von fremdenfeindlichen Parolen in der Öffentlichkeit, und damit auch in den Stadien, nimmt zu. So haben wir es derzeit wieder mit einem Anstieg des Problems in Deutschland zu tun. Zusätzlich beobachten wir durch die Öffnung Europas ein wachsendes Nationalgefühl. Das verstärkt die Angst vor dem Fremden. Die Politik hat versäumt, die hier entstehenden nationalen Besitzstandswahrungen und Abwehrhaltungen zu bekämpfen.

**SPIEGEL ONLINE:** Gibt es in Deutschland regionale Unterschiede?

**Pilz:** In den neuen Bundesländern wird schon viel offener und aggressiver skandiert. Das hat mit ihrer kürzeren demokratischen Biografie und den viel eklatanteren Zukunftsproblemen zu tun. Sie sind sozial viel schlechter abgesichert, die Lage ist viel dramatischer. Wenn ich mit Leuten dort spreche, die ein rechtsradikales Gedankengut haben, dann sagen die: Ich habe doch nichts zu verlieren. In den alten Bundesländern haben solche Menschen eher oft noch ein gesellschaftliches Ansehen zu verlieren, also gehen sie nicht so plump und offensichtlich vor.

**SPIEGEL ONLINE:** Was sind das für Menschen, die in den Stadien durch rassistische Verbalattacken auffällig werden?

**Pilz:** Das sind auf keinen Fall nur Dumpfbacken. Wir haben zwar in den neuen Bundesländern noch einen höheren,

### 8 Aufkleber einer Fan-Initiative

Anteil dieser Fans in der rechtsradikalen Fußballszene. In den alten Bundesländern sind es jedoch bei Weitem nicht nur diese Modernisierungsverlierer. Dort geht es quer durch alle Schichten. Auch Abiturienten und Studenten bringen hier gezielt rechtes Gedankengut mit in die Stadien. Das hängt teilweise damit zusammen, dass es immer mehr arbeitslose Akademiker gibt. Sie gehören in der Außenseiter-Etablierten-Konstellation auf einmal auch auf die Verliererseite und nehmen Abwehrhaltungen ein. In diesem Bedrohungsgefühl liegt die Fremdenfeindlichkeit begründet.

**SPIEGEL ONLINE:** Derzeit sind vor allem aus Spanien und Italien Meldungen über fremdenfeindliche Ausschreitungen zu vernehmen. Ist das Problem dort schwerwiegender?

**Pilz:** Nein, das ist dort nicht stärker verbreitet. Es ist nur so, dass zum Beispiel in Italien ganz andere gesetzliche Rahmenbedingungen herrschen. In italienischen Stadien kann man per Transparent Leute nach Auschwitz wünschen, ohne dass man gerichtlich belangt wird. Auch ein Hitlergruß ist dort kein Straftatbestand.[1] Und wenn so etwas toleriert wird, kommt es natürlich schneller zu rechtsradikalen Parolen. In Deutschland hingegen ist das alles strikt verboten.

Zit. nach: www.spiegel.de, Pfeiffer, F., 01.12.2004 (13.10.2005)

[1] Am 6. Januar 2005 lief der Torschütze Paolo di Canio in die Kurve seiner Fans von S. S. Lazio Rom und grüßte sie mit dem salute romano – dem Gruß der römischen Caesaren. Der mit gestrecktem rechten Arm entrichtete Gruß ist besser bekannt als faschistischer Gruß.

---

#### Arbeitsvorschläge

1) Stellt die Erfahrungen Otto Addos mit Fremdenfeindlichkeit zusammen und diskutiert seine Aussagen (M1).
2) Entwickelt nun einen Fragebogen, mit dem ihr eine aktuelle Umfrage unter ausländischen bzw. farbigen deutschen Bundesligaspielern organisiert. Mittels E-Mail könnt ihr die Bundesligavereine ansprechen. Die Rückmeldungen sollten für eine kleine Ausstellung aufbereitet oder in der Schülerzeitung veröffentlicht werden.
3) Stellt die Gründe zusammen, die Pilz für Rassismus aufführt (M7).
4) Klärt die Anspielungen, die sich auf historische bzw. sozioökonomische Veränderungen beziehen.
5) Was meint Pilz, wenn er die Aufarbeitung von Nationalsozialismus in Deutschland und des Faschismus in Italien vergleicht?

# Sprache und Menschenbild

Der Umgang mit der deutschen Nationalgeschichte stellt für Personen des öffentlichen Lebens eine Herausforderung dar. Sprachliche Sensibilität ist von ihnen immer dann gefragt, wenn sie sich über die Geschichte des 20. Jahrhunderts äußern. Das gilt gerade auch für Vertreter des DFB. Gerhard Mayer-Vorfelder ist allerdings kein Anhänger einer politisch korrekten Sprache, sondern fiel vielmehr wiederholt mit verbaler Deutschtümelei auf.

### 1 Sprache und Rassismus

*Äußerungen des DFB-Präsidenten G. Mayer-Vorfelder lösten in den letzten Jahren eine Kontroverse aus. Der DFB hatte eine Ausstellung finanziell unterstützen wollen, die Rassismus im Fußball thematisiert. Die Ausstellungsmacher prangerten jedoch „MV" an, selbst eine rassistische Sprache zu pflegen. Der DFB entzog daher dem Projekt (www.tatort-stadion.de) seine Unterstützung. Folgende Äußerungen stehen dabei im Mittelpunkt der Diskussion:*

„Was wird aus der Bundesliga, wenn die Blonden über die Alpen ziehen und statt dessen die Polen, diese Furtoks und Lesniaks, spielen?" (1998)

„Hätten wir 1918 die deutschen Kolonien nicht verloren, hätten wir heute in der Nationalmannschaft wahrscheinlich auch nur Spieler aus Deutsch-Südwest." (1998)

„Wenn beim Spiel Bayern gegen Cottbus nur zwei Germanen in den Anfangsformationen stehen, kann irgendetwas nicht stimmen." (2001)

Zit. nach: www.spiegel.de (10.01.2002) und www.tatort-stadion.de (10.10.2005)

### 2 Rassismus

*Das Brockhaus-Lexikon erklärt den Begriff Rassismus:*
der, Gesamtheit der Theorien und polit. Lehren, die versuchen, kulturelle Fähigkeiten und Entwicklungslinien der menschl. Geschichte nicht auf polit. und soziale, sondern auf biologisch-anthropolog. (d.h. typolog.) Ursachen zurückzuführen; i.e.S. alle Lehren, die aus solchen Zusammenhängen eine Über- bzw. Unterlegenheit einer menschl. Rasse gegenüber einer anderen behaupten, um Herrschaftsverhältnisse zu rechtfertigen sowie mithilfe dieser Ideologie Massen für objektiv andere (z.B. polit. oder wirtsch.) Interessen zu mobilisieren. Der Rassismus liefert innenpolitisch die Begründung für Diskriminierung, Unterprivilegierung oder Unterdrückung ethn. Gruppen (oft Minderheiten), die als Vertreter anderer Rassen bezeichnet werden. Außenpolitisch wird der Rassismus zur Rechtfertigung von Imperialismus und Kolonialismus herangezogen.
Ideengeschichte: Seit dem Aufkommen der Ideale der bürgerl. Aufklärung – Freiheit, Gleichheit und Brüderlichkeit – bedurften Sklaverei und Kolonialismus einer Rechtfertigungsideologie, die die »rassische« Überlegenheit der Europäer über die Weltbev. beweisen sollte. In anthropolog. Theorien über den Zusammenhang von Kultur und rass. Beschaffenheit wurde dabei der biolog. Begriff der Rasse mit dem ethnisch-soziolog. Begriff »Volk« vermengt. Verbreitung erreichte der Rassismus v.a. im 19.Jh., als die Theorien C.R. Darwins von der natürl. Auslese in sozialdarwinist. Interpretation in die Rassentheorien übernommen wurden. J.A. Graf von Gobineau entwickelte die Lehre von der Ungleichheit innerhalb der weißen Rasse, deren reiner Kern die »arische« Rasse sei. Beeinflusst von dieser Theorie einer zur Herrschaft berufenen Eliterasse waren F.Nietzsche und H.S. Chamberlain. Ähnliche Rassenlehren entstanden im 19.Jh. auch in den USA. Im 20.Jh. verschmolzen nationalist. und rassentheoret. Gedankengänge zu rassist. Ideologien, v.a. im Antisemitismus (obwohl die Juden keine eigenständige biolog. Rasse darstellen) während der Zeit des Nationalsozialismus. Neuerdings bedient sich der Rassismus z.B. verhaltensbiolog. Argumente.
Zit. nach: Der Brockhaus in fünfzehn Bänden, 12. Band, Leipzig/Mannheim1998, © 1999 Bibliographisches Institut & F.A. Brockhaus AG

---

### Arbeitsvorschläge

1) Formuliert spontan Kommentare zu den Zitaten (M1). Überlegt dann, inwieweit die Inhalte problematisch sind. Klärt anschließend die historischen Anspielungen und politischen Implikationen dieser Aussagen und nehmt Stellung dazu, ob die Äußerungen rassistisch sind (M2).
2) Vertiefung: Recherchiert im Internet die Hintergründe einer Kontroverse um Mayer-Vorfelder, indem ihr unterschiedliche Zeitungsartikel dazu auswertet (www.tatort-stadion.de).

### Vorurteile und Feindbilder

*Die Angst vor Fremden ist verbreitet. Die Gründe für Fremdenfeindlichkeit werden kontrovers diskutiert. Es gibt ganz unterschiedliche Versuche, die Entstehung von Vorurteilen zu erklären.*

| Erklärungsversuche zur Entstehung von Vorurteilen: | Eigene Stellungnahme zur Überzeugungskraft der Erklärungen und mögl. Einwände: | Mögliche Einwände: |
|---|---|---|
| **1. Biologische Erklärungsmuster** Fremdenfeindlichkeit wird als natürliche, quasi angeborene Eigenschaft, auf bestimmte Merkmale von Fremden zu reagieren (Fremdheit, Anzahl), erklärt. Dass Menschengruppen sich gegen „Andersartige" wenden, wird als biologisch „programmiert" angesehen. | | Solche Vorstellungen haben vor allem entlastende Funktion. Der Mensch ist jedoch nicht instinktmäßig auf Reiz-Reaktionskonstellationen festgelegt, sondern ein lernfähiges, weltoffenes Wesen. |
| **2. Alltägliche Rechtfertigungsversuche** Diese „Erklärungsversuche" sind eher als Rechtfertigungsversuche für eigene Vorurteile zu verstehen, denn als ernsthafte Erklärungen. Der wahre Kern: Vorurteile gegen Menschen und Gruppen sind zwar abwertend und verallgemeinernd, aber im Kern gibt es doch eine richtige Aussage. Die persönliche Erfahrung: Vorurteile sind eine Folge eindrucksvoller persönlicher Erfahrungen mit den Personengruppen, gegen die man sich vorteilsvoll verhält. | | Vorurteile sind häufig einfach falsch, ohne jeden wahren Kern. Kritik: Menschen haben auch Vorurteile gegenüber Menschengruppen, mit denen sie noch nie Kontakt hatten. |
| **3. Persönlichkeitsorientierte Erklärungsmodelle** Diese Erklärungsmodelle gehen davon aus, dass vor allem die Erfahrungen in und mit Eltern und Familie in der frühen Kindheit eine Persönlichkeitsstruktur bedingen können, die eine religiöse und ethnische Diskriminierung anderer quasi zur eigenen Stabilität benötigt (autoritärer Charakter). | | Soziales Verhalten wird zu sehr aus Persönlichkeitskomponenten abgeleitet. |
| **4. Gruppensoziologische Erklärungen** Vorurteile können als Ausdruck der Konkurrenz um wirtschaftliche und politische Macht sowie um knappe Güter und Sozialprestige gesehen werden. Das Gefühl, selbst zu kurz zu kommen, korrespondiert dabei mit der Schuldzuweisung, dass die „Fremden" für die Knappheit der Güter, die die politische Krise oder eigene soziale Deklassierung verantwortlich seien. Der Fremde wird dabei zum Sündenbock. | | Dieser Ansatz kann nicht erklären, warum Vorurteile und Diskriminierungen auch gegenüber ethnischen Minderheiten und sozialen Gruppen vorhanden sind, die nicht in einer Konkurrenzsituation zur eigenen Gruppe stehen (z.B. gegen Sinti und Roma) |
| **5. Der Politikansatz** Dieser Ansatz geht davon aus, dass durch staatliche Maßnahmen, die die Rechte der Ausländer einschränken und scheinbar „Begünstigungen" zurückschneiden, die Bevölkerung erst ermutigt und unterstützt wird, ihrerseits einschränkende und diskriminierende Handlungen vorzunehmen. Die im politischen Rahmen vollzogenen Diskriminierungen stellen so quasi den Orientierungsraum für eigene Diskriminierungen dar. Öffentlichrechtliche Vorgaben haben so entscheidenden Einfluss auf die vorurteilshaften Einstellungen zu ethnischen Minderheiten. | | Dieser Ansatz gibt nicht genügend Hinweise, warum nur Teile der Bevölkerung sich ausländerfeindlich verhalten und andere nicht. |

Zit. nach: Gugel, G., Ausländer, Aussiedler, Übersiedler, Tübingen 1992, S. 141 f.

# 6. Wirtschaftsunternehmen Fußballclub: Börsengang, Trikotsponsoring und neue Auslandsmärkte

**Allianz Arena in München, eingeweiht am 30. Mai 2005**

Die Themen der Wirtschaft der 1990er-Jahre, Globalisierung, Europäisierung, Medien und Internet machten in ihren Auswirkungen auch vor dem Fußball nicht halt. So wurde z. B. durch das Bosman-Urteil von 1996 die europaweite Freizügigkeit der Arbeitnehmer gestärkt. Durch das Urteil wurde das Verhältnis zwischen dem einzelnen Fußball-Profi und den Profi-Vereinen stark verändert und ein europäischer „Spielermarkt" geschaffen, auf dem es keine so genannten Ausländer-Beschränkungen mehr gab. Dies führte insgesamt zu einem explosionsartigen Anstieg der Spielergehälter, da auch die Ablösezahlungen teilweise abgeschafft wurden. Die Vereine waren dadurch zwangsläufig gezwungen, mehr Geld zu erwirtschaften. Dies konnten sie teilweise durch den Verkauf von TV-Senderechten einnehmen.

Insgesamt veränderte sich die Wahrnehmung von Fußball seit dem Beginn der 1990er-Jahren grundlegend. Die Einführung der Champions League ließ eine echte europäische Fußballszene entstehen. So sind die Stars der europäischen Topclubs heute europa- und weltweit im TV präsent. Diese veränderte Präsenz führte dazu, das heute Fußballer wie David Beckham, Luis Figo, Ronaldo oder Ronaldinho als Werbeikonen verehrt werden und in der Klatsch-Presse wie der Hochadel oder Schauspieler auftauchen. Der Fußball hat sich vom Sportereignis zum Event gemausert. Dieser neuen Anspruchshaltung des Publikums müssen die Vereine nachkommen. Die Erwartungen an Komfort und Rahmenprogramm sind gestiegen. Besonders sichtbar wurde dies in der Bundesliga, wo, auch im Hinblick auf die WM 2006 neue Stadien mit Sitzplätzen, VIP-Logen, Multimedia-Leinwänden,

Merchandising-Shops und Kongresszentren entstanden. Auch dies trug zum steigenden Finanzbedarf der Vereine bei, die dann die Namensrechte für die neuen Arenen verkauften. Aus Fußballvereinen sind Aktien-Unternehmen geworden, die teilweise sogar an der Börse notiert sind.

## 1. Asienmarkt

In der Weltwirtschaft waren aus Asien zunächst nur Japan und mit Abstrichen Taiwan erfolgreich, aber durch die politischen und wirtschaftlichen Entwicklungen der 1980er- und 1990er-Jahre, wie z. B. das Ende der Diktatur in Südkorea, entstanden die so genannten Tiger-Staaten (Südkorea oder Singapur), später auch die „kleinen Tiger" Thailand, Malaysia oder Indonesien. Besonders wichtig ist allerdings die wirtschaftliche Entwicklung seit den 1990er-Jahren in China, das als die ökonomische Supermacht der Zukunft gilt. Durch die wirtschaftliche Entwicklung entstanden in den asiatischen Staaten breite Konsumentenschichten, die mit Produkten versorgt werden müssen. Dadurch rückte der Kontinent auch in den Fokus der Marketingstrategen der großen internationalen Firmen. Dazu trat die sportliche Entwicklung, im Fußball vor allem durch die WM-Teilnahmen von Japan, Südkorea und China. Fußballer wie z. B. Nakata wurden zu wichtigen Werbeikonen aufgebaut. Viele große europäische Fußballvereine versuchten sich auf dem asiatischen Markt zu etablieren und so ihre Einnahmen aus Werbung und Merchandising zu steigern. So wechselten viele asiatische Stars in europäische Ligen, in der Bundesliga spielten 2005 z. B. Naohiro Takahara (Hamburger SV) oder Du-Ri Cha (Eintracht Frankfurt). Dadurch wurden europäische Vereine auch in Asien bekannter. Zu einer anderen Möglichkeit, den Bekanntheitsgrad zu steigern, entwickelten sich Gastspiele bei asiatischen Vereinen. So entstanden Rundreisen von Teams durch China, Südkorea und Japan, die in den Sommermonaten zwischen den Saisons stattfinden. Dadurch konnten sich Real Madrid und Manchester United in Asien als populärste Vereine etablieren. Bei beiden Vereinen spielte dabei die „Werbeikone" David Beckham eine wichtige Rolle. Übertragungen der europäischen Ligaspiele in Asien steigerten ebenfalls den Werbewert der Vereine. Auf diesem Markt versuchte auch die Bundesliga zunehmend Fuß zu fassen, so eröffnete Bayern München im Juni 2005 eine Homepage auf Chinesisch im Internet.

## 2. Trikotsponsoring

Das Trikotsponsoring in Deutschland begann mit dem 24. März 1973. Damals setzte der Mäzen Günter Mast durch, dass das Emblem seiner Firma Jägermeister auf das Trikot von Eintracht Braunschweig kam. Nach dem Bundesliga-Skandal von 1970/1971 waren das Zuschauerinteresse und damit die Einnahmen der Bundesligisten dramatisch gesunken. Bei Eintracht Braunschweig versuchte die Geschäftsführung mit dem Trikotsponsoring die Finanzkrise zu bewältigen. Zunächst wollte der DFB, der darin eine bedenklich Kommerzialisierung des Fußballs sah, dies verhindern. Die moralischen Einwände („lebende Litfasssäulen") wurden aber zugunsten der zusätzlichen Einnahmen überwunden. Und so setzte sich das Logo auf den Spielertrikots allmählich durch. Zu Beginn der 1980er-Jahre hatten alle Mannschaften der 1. Bundesliga einen Hauptsponsor auf der Brust. So war der 1. FC Köln 1978 der letzte Deutsche Meister ohne Trikotsponsor, Bayern München (adidas) hatte seit 1974, Borussia Mönchengladbach ab 1977 einen Trikotsponsor (erdgas). In der Saison 1987/1988 zeigte sich erneut die konservative Haltung des DFB bei Trikotwerbung. Mit dem Hinweis auf „Ethik und Moral im Sport" wurde dem Bundesligisten FC Homburg die Genehmigung für einen Sponsorenvertrag mit der Firma London (Kondome) verweigert.

Nachdem die Einnahmen aus dem Sponsoring zunächst gering waren, haben sich die Sponsorengelder inzwischen zusammen mit den TV-Einnahmen zum größten Einnahmepotenzial der Vereine entwickelt.

## 3. Fußball und Börse

In den späten 1990er-Jahren, die wirtschaftlich mit den Schlagworten „New Economy", „Internetblase" und „Start Up" belegt wurden, gingen sehr viele Unternehmen an den Aktienmarkt, um Geld für ihren Wachstumskurs zu bekommen. Seit 1998 ist es in Deutschland rechtlich möglich, die Profi-Fußballabteilung eines Sportvereins aus dem Gesamtverein herauszulösen und in eine sogenannte Fußball-AG umzuwandeln. Diese Möglichkeit hat inzwischen ein Großteil der Bundesligisten wahrgenommen. Wenn die Profiabteilung in eine Aktiengesellschaft umgewandelt worden ist, kann sie auch Aktien ausgeben und an die Börse gehen. Diesen Schritt hat in Deutschland bisher (Stand 2005) nur Borussia Dortmund getan. Die Kursentwicklung ist dabei allerdings nicht gut verlaufen und seit den Turbulenzen um den Schuldenstand von Borussia Dortmund im Frühjahr 2005 ist die Aktie noch tiefer gesunken. Inzwischen wurde die Aktienmehrheit bei Dortmund von einem Großaktionär übernommen. Die Übernahme durch einen Finanzinvestor hat im Sommer 2005 auch der englische Verein Manchester United erlebt. Der neue Investor hat gegen den Widerstand der Fans und auch der Vereinsleitung die Aktienmehrheit erworben und somit eine feindliche Übernahme verwirklicht.

---

### ── Einsatz im Unterricht ──

#### Einbettung in den Unterricht

Die Unterrichtseinheiten zu Fußball und Finanzen können besonders im Kontext der neuesten Wirtschaftsgeschichte thematisiert werden, bzw. eignen sich auch für den Einsatz im Sozialkunde- und im politikwissenschaftlichen Unterricht. Eine Anbindung an die zuvor behandelten Thematiken Marktwirtschaft, Werbung oder Börse scheint sinnvoll, da die Schüler dadurch auf Vorkenntnissen aufbauend tiefer in den Sachverhalt eindringen können. Dies geschieht erstens durch einen Blick auf die Rolle von Marketing, Sponsoring und Professionalisierung (Arbeitsblätter 1 und 2) und auf den Aktien- und Kapitalmarkt (Arbeitsblatt 3). Die Arbeitsblätter umfassen jeweils eine Unterrichtseinheit.

#### Möglicher Unterrichtsverlauf

Als Einstieg in das Thema kann zu Beginn einer Stunde über Fußballbegeisterung und die Lieblingsvereine der Schüler gesprochen werden. Das Unterrichtsgespräch sollte dann zum Thema des 1. Arbeitsblattes hin geführt werden. Welche asiatischen Spieler hat der Verein? Macht der Verein Asienreisen? Daran anschließend sollten die Texte gelesen und inhaltlich erschlossen werden (eventuell in Arbeitsgruppen). In einem abschließenden Unterrichtsgespräch sollten die verschiedenen Positionen der Akteure herausgearbeitet werden.

Arbeitsblatt 2: Auch hier könnte die Hinführung zum Thema ein einleitendes „Brainstorming" über Fußballvereine und ihre Sponsoren sein. Anschließend sollte der Verfassertext inhaltlich in einem Unterrichtsgespräch zusammengefasst werden. In einem zweiten Teil sollten die jeweiligen Grafiken analysiert werden. Welche Entwicklung nahmen die Einnahmen der Vereine und welche Binnendifferenzierung der Einnahmen ist zwischen Spitzenvereinen und „Kellerkindern" erkennbar.

Arbeitsblatt 3: Als Einstieg in die Unterrichtsstunde bietet sich eine aktuelle Börsenmeldung an (z.B. Zeitungsmeldung über die Quartalszahlen von Borussia Dortmund). Von dieser ist eine Überleitung auf die Fußballaktien möglich. Zunächst sollten die Schüler die Texte lesen und erschließen. Die Ergebnisse können dann stichpunktartig an die Tafel gebracht werden. Daraus sollte eine Diskussion über die Standpunkte der beiden Texte entstehen. Wichtig ist dabei, dass die Schüler erkennen, das der Text M1 die Erwartungen an einen Börsengang im Jahr 1998 beschreibt, während der Text M2 Vorgänge an der Börse im Jahr 2005 berichtet.

# Asienmarkt

Durch die dynamische wirtschaftliche Entwicklung in Asien seit den 1980er-Jahren entstand ein großer Absatzmarkt mit einer breiten Konsumentenschicht. Diese wurde von den Marketingstrategen der internationalen Firmen als Kunde entdeckt. Führende europäische Fußballvereine schlossen sich diesem Trend an und versuchen seit einigen Jahren die Fußballbegeisterung in Asien auszunutzen und mit verschiedenen Werbemaßnahmen ihren Bekanntheitsgrad zu steigern.

## 1 Fiery United waste chance to rekindle waning appeal

*FROM OLIVER KAY IN BEIJING, 3 July 27, 2005*

THE banks of empty seats in the Workers' Stadium yesterday offered evidence that Manchester United's star in the Far East may be waning, but if members of the meagre audience were shocked by flashes of rage from some of Sir Alex Ferguson's players in what was supposed to be a friendly match here in the Chinese capital, at least United avoided the same fate as Real Madrid, who were jeered away from the same arena at the weekend for showing a lack of fighting spirit.

For a match that was part of the club's latest charm offensive on the Asian market, the 3-0 win over Beijing Hyundai was alarmingly niggly and, while separate incidents involving Wayne Rooney and Ruud van Nistelrooy were ugly rather than outrageous, they were enough to draw gasps from the disappointing crowd and expressions of disapproval from the Chinese media, who later asked the two managers whether they had any concerns about the conduct of their teams.

For that, it seemed that the majority of the crowd were grateful, with the local press claiming that many Chinese fans had been put off by Real's lacklustre display. The belief among the locals was that the low turnout was because of a backlash against football in general, rather than the post-David Beckham United, but although they remain by far the best-supported team in China, the attendance of 24,223 was disappointing for all concerned. Tickets for last night`s match ranged from 80 to 1,180 yuan (about £5 to £83) and were changing hands for as little as 20 yuan outside the Stadium. These are not sums that will be reported back enthusiastically by Bryan Glazer to his father, Malcolm, who bought the club on the back of an aggressive business plan to capitalise on what he felt was a booming market in the Far East.

Zit. nach: www.timesonline.co.uk, 27.07.2005 (Kay, O.)

## 2 Lasst uns Freunde sein

Wenn die Spieler des FC Bayern am Mittwochabend (Ortszeit) in Tokio landen, dann mögen sie in der Erwartung des gedrängten Programms der nächsten vier Tage zwar gewohnheitsmäßig stöhnen über die Zumutungen ihres Berufes. Im Vergleich mit ihren Kollegen von Real Madrid und Manchester United aber dürfen sie sich glücklich schätzen.

Während Manchester zu einer 11-Tage-Reise nach Hongkong, Japan und China gestartet ist, dauert die globale Tingeltour von Real Madrid schon eine knappe Woche und endet erst am kommenden Dienstag mit einem Spiel in Macao. Nach Aufenthalten in Los Angeles und Peking befindet sich der Wanderzirkus aus Spanien derzeit in Tokio, und mittlerweile klingen die Reiseberichte der Stars nunmehr wie Klagelieder. Am Montag wurde die Mannschaft vom Tabellenvorletzten der J-League Tokio Verdi demontiert, David Beckham wurde von seinem Gegenspieler bespuckt, und beinahe hätte es eine Massenkeilerei gegeben - insgesamt war es also alles andere als ein königlicher Auftritt, und die Kritik der ja panischen Presse nahm folgerichtig englische Ausmaße an. Die offensichtliche Lustlosigkeit der Gäste wird als Kränkung empfunden. „Wir sind nach Japan gekommen, um die Herzen der Menschen zu gewinnen, aber das ist schwierig, wenn man so viel reisen muss und so viele offizielle Termine hat", bat Angreifer Ronaldo um Verständnis. Eigentlich hätte aber auch ein einziges Wort genügt: Heimweh! [...]

Die Konkurrenz ist groß, und die Bayern haben noch viel nachzuholen. „Es gibt einen Imagenachteil, weil die Bundesliga im japanischen Fernsehen in den vergangenen Jahren kaum vorgekommen ist", sagt Hägele (Beauftragter für das Asiengeschäft von Bayern München, Anm. des Autors).

An der Verringerung dieses Defizits wollen die Bayern und die Bundesliga nun endlich arbeiten, nachdem alle Beteiligten jahrelang nur davon gesprochen haben. Der FC Bayern reist mit einer Delegation wie der Kanzler bei der Staatsvisite. An Bord befinden sich Industrievertreter und Beamte des bayerischen Wirtschaftsministeriums, ein Gesandter der Deutschen Fußball Liga (DFL) sowie der Manager von Hannover 96, Ilja Kaenzig. Die DFL setzt einige Hoffnungen in die Reise, die sie zum Bestandteil ihrer Offensive im Auslandsgeschäft rechnet. Bisher kann die Bundesliga nicht zufrieden sein mit den Erlösen ihrer Auslandsvermarktung. 15 Millionen Euro pro Jahr sind eine bescheidene Marge, erst recht im Verhältnis mit den anderen großen Ligen in Europa. „Wobei sich Auslandsvermarktung nicht auf bezahlte Freundschaftsspiele bezieht, sondern auf den Vorsatz, insgesamt die Nachfrage nach der Bundesliga zu erhöhen", wie DFL-Geschäftsführer Christian Seifert erklärt. Zu dem Zweck hat die DFL eine Arbeitsgruppe eingerichtet und ein Stufenprogramm in die Wege geleitet, das in spätestens drei Jahren bessere Ergebnisse bringen soll. „Wir müssen wissen, dass wir uns in einem globalen Entertainmentwettbewerb befinden", meint Seifert, „und unser Marktanteil daran ist bisher gering." [...]

Zit. nach: Süddeutsche Zeitung Nr. 171, 27.07.2005, S.29 (Selldorf, P.)

---

### Arbeitsvorschläge

1) Fasse den Inhalt der Texte M1 und M2 kurz zusammen. Unterscheide die verschiedenen Akteure, die im Text vorkommen und analysiere ihre jeweiligen Zielvorstellungen.
2) Überlege, welche Ziele europäische Fußballvereine mit ihren Asien-Reisen verfolgen.

# Trikotsponsoring

Im März 1973 begann in Deutschland die Epoche der Trikotwerbung. Pionier war Eintracht Braunschweig, das auf die Finanzkrise im deutschen Profifußball, ausgelöst durch den Bundesliga-Skandal von 1970/71, reagierte. Seit den 1980er-Jahren hat sich das Trikotsponsoring in der Bundesliga durchgesetzt.

**1** Eintracht Braunschweig/Jägermeister

**2** Entwicklung der Gesamteinnahmen durch Trikotsponsoren der Vereine der 1. Bundesliga zwischen 1981 und 2005

| | |
|---|---|
| 1981 | ca. 4,5 Mio. Euro |
| 1985 | ca. 4,6 Mio. Euro |
| 1990 | ca. 13,3 Mio. Euro |
| 1996 | ca. 25,6 Mio. Euro |
| 2000 | ca. 69, 8 Mio. Euro |
| 2005 | 101,7 Mio. Euro |

Zusammengestellt vom Autor

**3** Trikotsponsoren der 1. Bundesliga (Saison 1981/1982)

| Verein | Werbepartner | Werbeeinnahmen |
|---|---|---|
| Eintracht Frankfurt | infotec | 750 000 DM |
| Eintracht Braunschweig | Jägermeister | 400 000 DM |
| Werder Bremen | Olympia-Werke | 500 000 DM |
| Bayer Leverkusen | - | - |
| Bayern München | Iveco | 750 000 DM |
| Arminia Bielefeld | Seidensticker | 350 000 DM |
| MSV Duisburg | doppeldusch | 400 000 DM |
| VfL Bochum | Porst | 300 000 DM |
| Darmstadt 98 | Dugena | 300 000 DM |
| 1. FC Köln | Pioneer | 1 000 000 DM |
| 1. FC Nürnberg | reflecta | 500 000 DM |
| 1. FC Kaiserslautern | Portas | 500 000 DM |
| Borussia Dortmund | Uhu | 500 000 DM |
| Karlsruher SC | BIC | 450 000 DM |
| Fortuna Düsseldorf | Arag | 350 000 DM |
| Borussia Mönchengladbach | Datsun | 650 000 DM |
| Hamburger SV | BP | 800 000 DM |
| VfB Stuttgart | Canon | 600 000 DM |

Zusammengestellt nach: Kicker Sportmagazin, Nr. 96, 30. 11. 1981.

**4** Trikotsponsoren der 1. Bundesliga (Saison 2005/2006)

| Verein | Werbepartner | Werbeeinnahmen |
|---|---|---|
| Bayern München | Deutsche Telekom | bis zu 20 Mio. Euro |
| Borussia Dortmund | E.ON | bis zu 10 Mio. Euro |
| Bayer Leverkusen | RWE | 9,5 Mio. Euro |
| Hertha BSC Berlin | Arcor | bis zu 8 Mio. Euro |
| FC Schalke 04 | Victoria Versicherungen | 7,5 Mio. Euro |
| VfL Wolfsburg | Volkswagen | 7,5 Mio. Euro |
| VfB Stuttgart | EnBW | bis zu 6 Mio. Euro |
| Werder Bremen | KiK Textildiskont | bis zu 5 Mio. Euro |
| Hamburger SV | ADIG Investment | 4,5 Mio. Euro |
| Borussia Mönchengladbach | Kyora | 4 Mio. Euro |
| 1. FC Kaiserslautern | DVAG | 3 Mio. Euro |
| 1. FC Nürnberg | mister + lady jeans | 3 Mio. Euro |
| 1. FC Köln | Gerling | 2,7 Mio. Euro |
| Eintracht Frankfurt | Fraport | 2,5 Mio. Euro |
| Hannover 96 | TUI | 2,5 Mio. Euro |
| FSV Mainz 05 | DBV-Winterthur | 2,5 Mio. Euro |
| MSV Diusburg | Iceline-Tiefkühlkost | 2 Mio. Euro |
| Arminia Bielefeld | Krombacher | 1,5 Mio. Euro |

Zusammengestellt nach: Kicker, Sonderheft Bundesliga 05/06, S. 22 (Die Zahlen sind teilweise geschätzt)

---

**Arbeitsvorschläge**

1) Vergleiche die Zahlen der Grafiken zum Sponsoring. Welche Entwicklungen kannst du daraus ablesen?
2) Welche Firma ist der Trikotsponsor deiner Lieblingsmannschaft? Wie heißt der Trikotsponsor der Fußballmannschaft in deiner Stadt?
3) Welchen Wirtschaftsbranchen kann man die Trikotsponsoren zuordnen? Welche Veränderungen kannst Du feststellen?

# Fußball und die Börse

Die wirtschaftliche Entwicklung der späten 1990er-Jahre, die mit den Stichworten „New Economy" und „Internetblase" verbunden ist, hatte auch Auswirkung auf den Profifußball. So wurde der Gang an die Börse auch für Fußballclubs interessant, da man glaubte, so den gestiegenen Finanzbedarf decken zu können. Durch eine Satzungsänderung des DFB ist der Börsengang von Fußballunternehmen in Deutschland seit 1998 möglich. Bisher hat nur Borussia Dortmund diese Möglichkeit ergriffen. Den Möglichkeiten stehen auch Risiken gegenüber.

### 1 Fußball AG punktet für Fans und Anleger

Die Bundesliga boomt: Durchschnittlich 33 000 Zuschauer kamen in der vergangenen Saison pro Spiel in die Stadien – soviel wie nie zuvor. Auf Rekordhöhe kletterte auch der Gesamterlös der 18 Vereine – von 390 Millionen Mark in der Saison 90/91 auf inzwischen über eine Milliarde Mark.

Da verwundert es nicht, dass für viele Bundesligisten das rechtliche Korsett des „eingetragenen Vereins" zu eng geworden ist.

Der Deutsche Fußballbund (DFB) wird daher auf seinem Bundestag am 24. Oktober darüber entscheiden, ob neben den Vereinen demnächst auch Kapitalgesellschaften zum Spielbetrieb der Bundesliga zugelassen werden sollen.

Fällt der Beschluss positiv aus, können die Clubs künftig einzelne Geschäftsfelder oder die gesamte Lizenzabteilung in eine Aktiengesellschaft oder GmbH umwandeln. In der Rechtsform der AG hätten sie auch die Option, mit einem Gang an die Börse in großem Umfang Eigenkapital aufzunehmen.

Gerade den großen Vereinen eröffnen sich enorme Chancen. Die Börse ermöglicht Unternehmen mit hohem Wachstumspotential, sich die Mittel zu beschaffen, die für die langfristige Erfolgssicherung notwendig sind.

Große Investitionen wie der Neubau oder die Erweiterung von Stadien müssten nicht mehr auf die lange Bank geschoben werden.

Auch für den Ausbau des Merchandising und die Etablierung des Clubs als Markenprodukt stünde genügend Geld zur Verfügung.

Mit dem hinzugewonnenen Eigenkapital könnten sich die Vereine ein zusätzliches Standbein schaffen, um Einnahmen zu erzielen, die vom sportlichen Erfolg unabhängig sind. Die Clubs wären nicht mehr auf die Gunst von Mäzenen oder Subventionen der öffentlichen Hand angewiesen. Und Anleger könnten sich durch den Kauf von Fußballaktien am Erfolg einer Wachstumsbranche beteiligen.

Abwehr: Die Vorstellung, der liebgewonnene Verein könnte künftig als börsennotierte Fußball AG firmieren, löst allerdings bei zahlreichen Fans Unbehagen aus. Viele befürchten, ihr Club könnte seine sportliche „Seele" verkaufen und zum Spielball wirtschaftlicher Interessen werden. Bestätigt fühlen sich die Skeptiker durch die Ereignisse in England, wo der Verkauf einiger großer Traditionsvereine an Privatunternehmen ins Haus steht. Die überwiegend emotional geprägte Abwehrhaltung ist jedoch in der Regel unbegründet. Von Übernahmeschlachten, wie sie sich im „Mutterland" des Fußballs abspielen, sollten sich die Fans nicht verunsichern lassen. Schon aus wirtschaftlichen Gründen werden es sich die neuen Besitzer nicht leisten können, die Belange ihres Clubs und seiner Anhänger zu vernachlässigen. Im Übrigen besteht die Möglichkeit, solche Übernahmen durch entsprechende Regelungen im Lizenzspielerstatut von vornherein zu unterbinden.

Kasse machen gilt nicht. Bei allen Chancen, die die Rechtsform der AG und ein Börsengang bieten: Zur Finanzierung maroder Unternehmen taugen diese Instrumente nicht. Ein Fußballunternehmen, das an die Börse geht, muß Spielregeln beachten – ebenso wie die Mannschaften auf dem Platz. Dazu gehört vor allem die Bereitschaft zu einem professionellen Management mit Vorstand und Aufsichtsrat, gestützt durch ein funktionsfähiges Controlling und Rechnungswesen.

Die meisten Anleger prüfen sehr genau, wem sie ihr Geld anvertrauen. Schlecht geführte Fußballvereine, die sich mit der Bezeichnung AG und einem Gang an die Börse lediglich den Anstrich erfolgsorientierten Managements geben, sehen auf dem Kapitalmarkt schnell die gelbe Karte: ihre Aktien verlieren an Wert. Dies gilt insbesondere für jene Clubs, die nur den kurzfristigen sportlichen Erfolg anstreben und das neue Kapital vorrangig einsetzen, um etwa überzogene Gehaltswünsche neuer Spieler zu erfüllen, [...]

Allenfalls eingefleischten Fans, die sich die Aktien ihres Vereins gerahmt über das Bett hängen wollen, mag die Kursentwicklung egal sein. Für die Vorstände bedeutet dies eine besondere Verantwortung: Wer Misswirtschaft mit dem Geld der Fans finanziert, handelt unredlich gegenüber jenen, denen der Verein am meisten bedeutet und die durch ihre Begeisterung in den Stadien Fußball erst zum Erlebnis machen.

Zit. nach: von Rosen, R., FOCUS, Nr. 42, 12. 10. 1998, S. 298

### 2 Borussia-Aktie

### 3  Man Utd fans vent anger as US tycoon finally wins takeover battle

"I won't be renewing my season ticket and I don't think other United fans will either," said Nick Towle, the chairman of Shareholders United, which had led the supporters' campaign against Mr Glazer. „It's not my football club any more."

The Glazer camp made clear that Joel Glazer, one of Malcolm's sons, intends to be an „active" owner of United in the style of Roman Abramovich at Chelsea. He intends to sit in the directors' box for the first home game of next season, an occasion that threatens to be highly charged.

Questions will be raised about the position of United's manager, Sir Alex Ferguson, who said publicly that he was opposed to a takeover. Mr Glazer's advisers have made clear they are keen to secure his Services and will attempt to woo him with the promise of at least £20m to spend on new players every year.

Mr Glazer is also keen to retain the club's chief executive, David Gill, but all the non-executive directors, including Sir Roy Gardner, the chairman, will be axed.

Mr Glazer, owner of the Tampa Bay Buccaneers American football team, secured victory from his home in Florida – it is thought he has never set foot inside Old Trafford. [...] United's directors had admitted that 300p-a-share was „fair" in financial terms, but would not back the bid because of Mr Glazer's use of heavy borrowings, which they argued could place the club at financial risk.

The board last night refused to concede defeat until his stake passes 75%, a level which confers more legal rights than simple majority ownership. However, when Mr Glazer passes 75%, the directors are likely to advise share holders to accept the takeover terms.

Mr McManus and Mr Magnier declined to comment on the sale of the shares, which netted them a profit of £80m on their four-year Investment.

Their advisers, however, were unapologetic. "This is a publicly quoted Company - anybody can buy or sell its shares," said one. „Manchester United fans cannot regard it as any different from any other quoted company." [...] Fans are planning to boycott the clubs`s merchandise as a form of protest.

Zit nach: www.guardian.co.uk, 13.05.2005 (Pratley, N., Taylor, D.)

### 4  Entwicklung der BVB-Aktie im Vergleich zum Dax

BVB (DAX-Index)

Prozent    Volumen/1000

---

**Arbeitsvorschläge**

1) Fasse den Inhalt der Texte M1 und M3 zusammen und vergleiche die dabei herausgearbeiteten Aussagen miteinander.
2) Überlege, ob sich die in M1 erstellten Prognosen bewahrheitet haben. Ziehe dazu auch die Grafik M4 heran.
3) Fallen dir andere Bespiele aus der Wirtschaft ein, die in ähnlicher Weise abgelaufen sind? Welche Unterschiede lassen sich erkennen?
4) Welche Möglichkeiten haben die Gegner einer solchen Übernahme? Vergleiche die Maßnahmen der Manchester United-Fans mit Beispielen aus anderen Wirtschaftsbranchen.
5) Erstelle anhand der Tagespresse einen Wirtschaftsbericht über ein Fußballteam deiner Wahl und beurteile die dabei herausgearbeitete wirtschaftliche Entwicklung der letzten Jahre.

# 7. Lasst sie doch Fußball spielen! – Die Zukunft des Fußballs ist weiblich

**1:0 für Deutschland durch Anja Mittag.**

Die Stürmerin staubt nach einem Kopfball von Inka Grings aus kurzer Distanz ab und bringt das deutsche Team in Führung. Deutschland gewinnt dieses EM-Endpiel mit 3:1 gegen Norwegen. England, 2005

Die deutsche Frauen-Nationalmannschaft holte 2003 in den USA den Weltmeistertitel. 11,4 Millionen deutsche Zuschauer verfolgen das Spiel gegen Schweden. Das gab es noch nie. Das WM-Endspiel der Männer 2004 in Japan, Bundesrepublik gegen Brasilien, sahen 26,5 Millionen Zuschauer. Ist dies vergleichbar? Fußball gilt in Deutschland als beliebteste Massen- und Zuschauersportart. Zwischen Fußball und Frauenfußball wird jedoch unterschieden. Der Frauenfußball hatte nach der WM 2003 an Popularität gewonnen. Doch bereits 2005, die Frauen-Nationalelf wird in England zum sechsten Mal Europameister, ebbt das Interesse ab.

1970 hebt der DFB sein Verbot des „Damenfußball" auf. Bis dahin untersagte er allen Vereinen Frauen in irgendeiner Form zu unterstützen. Selbst Proteste der Öffentlichkeit und der Presse „Lasst sie doch Fußball spielen!" wie nach dem 2. Länderspiel der Frauen, Westdeutschland gegen Westholland, im Münchner Dante-Stadion 1957, konnten den DFB nicht umstimmen. Jahrzehntelang hielt er an seinen Auflagen gegen den Frauenfußball fest. So verfügte er, unter Androhung von Strafen, jedem Verein Frauen-Fußballmannschaften zu gründen, Mannschaften zu unterstützen oder zu fördern, Vereinssportplätze für Spiele zur Verfügung zu stellen.

1999, über 40 Jahre später, appellierte der FIFA-Präsident Sepp Blatter: „Die Zukunft des Fußballs ist weiblich." Der DFB unterstützt nun Vereine und deren Gründungen. Das Endspiel des Frauen-DFB-Pokals findet z. B. vor dem DFB-Pokal der Männer im gleichen Stadion statt. Die Frauen bekommen so die Möglichkeit, vor einer breiteren Öffentlichkeit zu spielen. Theo Zwanziger, Vorsitzender des DFB, appelliert an das öffentlich-rechtliche Fernsehen, Frauen-Fußball vermehrt live zu übertragen. Doch es bedarf all dieser Maßnahmen, um den Frauen-Fußball im Gespräch zu halten.

In den USA ist Frauenfußball die beliebteste Sportart junger Mädchen und Frauen. Es existiert seit Jahren eine Profiliga und Spitzenspielerinnen wie Mia Hamm haben längst Rockstar-Status. Amerikanischer Frauenfußball wird oft als beispielhaft und nachahmenswert beschrieben. Die Stadien sind voll, die Menge ist begeistert, interessante Werbeverträge bringen Spielerinnen und ihr Spiel in die Öffentlichkeit. Da sich die Beliebtheit beinahe ausnahmslos auf den Frauenfußball bezieht, zählt die Sportart in Amerika mittlerweile zum Frauensport. Der Fußball der Männer hat keinen vergleichbaren Stellenwert.

## Lotte Specht gründet 1930 die ersten deutschen Frauen-Fußball-Mannschaft

Nr. 12. 27. März 1930
Frankfurter Jllustrierte

FRANKFURT AM MAIN

Preis 20 Pfennig
Achtzehnter Jahrgang

# Das Jllustrierte Blatt

**DAMEN-FUSSBALL**
DIE SPIELFÜHRERIN DES ERSTEN DEUTSCHEN KLUBS
ZU UNSEREM ARTIKEL AUF SEITE 299 UND 300. IM KREIS: KAMPF UM DEN BALL

„Zuschauer und die Männer, die haben sogar Steine nach uns geworfen. Und die Zeitungen haben uns durch den Kakao gezogen und geschimpft. Also, es wehte schon der braune Wind 1930. Die deutsche Frau raucht nicht, die deutsche Frau spielt auch kein Fußball usw. Wir haben nur ein Jahr existiert, auch weil die Zeitungen so übel geschrieben haben und manche Eltern den Mädchen das verboten haben". (Lotte Specht, Interview 1999, Zit. nach: Hoffmann, E., Nendza, J., Verlacht, Verboten und Gefeiert. Zur Geschichte des Frauenfußballs in Deutschland, Weilerswist 2005, S. 20)

## Fußballverrückte Grazien in England

1863 wird in England die Football Association (F. A.) gegründet. Zu Beginn nur Gentlemen-Kicken, entwickelt sich Fußball rasch auch unter Arbeitern zum Massen- und Zuschauersport. 25 Jahre später, 1888, wird die erste Profiliga eingerichtet. Knapp 6 Jahre später gründet Netti Honeyball das erste englische Frauen-Fußballteam „British Ladies". Es folgen weitere Gründungen von Frauenteams und es finden regelmäßig Spiele statt. 1902 wird der F. A. das Treiben der Fußballdamen endgültig zu bunt. Sie verbieten ihren Mitgliedsvereinen Spiele gegen „Lady-Teams".
1917, die F. A. hatte ihren Spielbetrieb kriegsbedingt längst eingestellt, gründen Munitionsarbeiterinnen der W. B. Dick&John Kerr's Maschinenfabrik das Frauenteam „Dick Kerr's Ladies". Das Team zieht durch ganz England und der Frauenfußball boomt. Mit Wiederaufnahme des Spielbetriebs der männlichen Profiliga betrachtet die F. A. Frauenfußball zunehmend als unliebsame Konkurrenz und definiert Fußball entschieden als männlichen Kampfsport. Der Spielbetrieb der Frauen wird sogar untersagt und allmählich bewirkt dies das Aus des Frauenfußballs in England.

## Fußball-Amazonen in Deutschland

Obwohl es in der Weimarer Republik nur vereinzelt zu Frauenfußballspielen kommt, hagelt es Spott und Polemik gegen „Weiber", die beabsichtigen, Fußball zu spielen. Diesem zum Trotz gründet Lotte Specht 1930 den ersten deutschen Damenfußballclub „1. DFC Frankfurt". Dies ist eine Sensation. Von den meisten Medien wird der Fußballclub jedoch verpönt und verlacht. Er besteht nur ein knappes Jahr. Während der NS-Zeit wird das neue Leitbild der gesunden und starken arischen Frau propagiert. Die deutsche Frau raucht nicht, die deutsche Frau spielt keinen Fußball.

Mit der Gründung der Bundesrepublik 1949 wird die Gleichberechtigung von Mann und Frau im Grundgesetz festgeschrieben. Doch das bedeutet praktisch nicht wirklich gleiche Rechte für alle. Fußballsport gilt nach wie vor als „unweiblich" und „nicht frauengemäß". Unbeirrt davon trainieren die Damen von Blau-Weiß Oberhausen in Hamburg ab 1951 regelmäßig. Auch dies wird von der Presse mit Spott kommentiert. Stattfindende Spiele werden einfach abgebrochen. Der DFB untersagt Frauenfußball in jeglicher Form. Die deutschen Fußballfrauen spielen aber außerhalb des DFB unverdrossen weiter.
Am 23. September 1956 findet das erste Länderspiel der deutschen Damen-Fußballmannschaft im Essener Mathias-Stinnes-Stadion vor rund 18.000 Zuschauern gegen Holland statt. Wenig später wird, trotz starker Proteste des DFB, am 2. und 3. November 1957 im Berliner Poststadion die inoffizielle Fußball-Europameisterschaft der Damen ausgetragen. Es spielen Holland, England, Österreich und Deutschland. England gewinnt das Endspiel gegen Deutschland mit 4:0.

Im Juli 1970 trägt Italien die erste inoffizielle Frauenfußball-Weltmeisterschaft aus. Eingeladen sind auch die Bad Neuenahrer Fußballerinnen. Die Deutschen können jedoch keine Nationalelf stellen, die Unterstützung des DFB fehlt. Somit spielen nur die Frauen vom SC 07 Bad Neuenahr und zwei Spielerinnen aus Illertissen. Starke Spielerinnen aus anderen Deutschen Vereinen, z. B. der Ulmer und Augsburger Gegend fehlen. Das Aufstellen einer Nationalelf wäre Aufgabe des DFB gewesen. Deutschland gewinnt kein Spiel. Nun wächst der Druck auf den DFB zunehmend und schließlich hebt dieser am 31. Oktober 1970 sein Damenfußball-Verbot auf.

1973 versucht der Wörrstädter Frauenfußballpionier Philipp Scheid eine Deutsche Meisterschaft zu organisieren. Der DFB verbietet das Turnier. Erst durch zähe Verhandlungen und mit der Drohung, zur BILD-Zeitung zu gehen, erreicht der Wörrstädter Vorstand, dass sich 1973 beim TuS Wörrstadt die deutschen Frauenfußball-Vereine messen dürfen. Im Endspiel gewinnt TuS Wörrstadt mit 3:1 gegen die Frauen des FC Bayern München. Die eingeladenen Verbands-Funktionäre sind begeistert. Der DFB verspricht für das kommende Jahr die Durchführung einer Deutschen Damenfußball-Meisterschaft. 1974 werden die Wörrstädterinnen als erste Mannschaft Deutscher Meister.

Im Osten Deutschlands finden ab den 1960er- und 1970er-Jahren begeisterte Fußballerinnen zusammen. So gründet der bulgarische Student Vladimir Zwetkov 1968 die erste Frauen-Fußballmannschaft der DDR, BSG Empor Mitte-Dresden. Unterstützung und Befürwortung erhält die Mannschaft u. a. von dem populären Sportreporter Hans-Florian Oertel. 1969 findet das erste Frauenfußballspiel, BSG Empor

Mitte-Dresden gegen Empor Possendorf, statt. Dresden Mitte gewinnt mit 2:0. Trainer Zwetkows Erfolgsrezept: „Taktik, Technik und Gymnastik". Bereits Ende 1971 gibt es 150 Teams im DDR-Damenfußball.

Ab 1979 spielen die Fußballfrauen um die Bezirks-Besten-Ermittelung. Diese Vereine treten dann gegeneinander an, und kicken im Turnier: die DDR-Beste-Frauenmannschaft. Als erste Mannschaft gewinnt BSG Motor Karl-Marx-Stadt. 1981 existieren bereits 360 Frauenfußball-Mannschaften in der DDR. Es ist die Hoch-Zeit des DDR-Frauenfußballs. Eine richtige DDR-Meisterschaft erlaubt der Verband (DFV, der DFB der DDR) zum ersten Mal 1990. Erster und einziger DDR-Fußball-Meister wird die BSG Post Rostock.

Ein unscheinbarer Zettel am schwarzen Brett des Klubhauses „Walter Junker" führte zur Gründung einer der heute erfolgreichsten Frauenfußballmannschaften in Deutschland, Turbine Potsdam. Chef von Beginn an und bis heute ist Bernd Schröder. Die „Turbinen" aus Potsdam gewannen in der Saison 2004/2005 den UEFA-Cup gegen das schwedische Team Djurgården/Älvsjö mit 3:1.
Zu den drei besten deutschen Frauenmannschaften gehören außerdem der 1. FFC Frankfurt und der FCR 2001 Duisburg.

1989 werden die deutschen Frauen Europameister und noch im gleichen Jahr beschließt der DFB die zweigleisige Frauenbundesliga einzuführen.
Höhepunkt des Deutschen Frauenfußballs ist die Weltmeisterschaft 2003 in den USA. Deutschland gewinnt im Endspiel mit 2:1 gegen Schweden und wird Weltmeister.

---

### Einsatz im Unterricht

#### Einbettung des Themas
Die beiden Hauptaspekte des Kapitels: Akzeptanz des Frauenfußballs und der Deutsch-Amerikanische Vergleich lassen sich sowohl in Geschichte als auch in Politik oder Sozialkunde einbinden.

#### Einbettung in den Geschichtsunterricht
Geeignete Themen zur historischen Verknüpfung sind: die Weimarer Republik, das Nachkriegsdeutschland, die 70er-Jahre, die heutige Zeit. Zu Beginn müssen alle Kenntnisse über Frauenbilder in der entsprechenden Zeit zusammentragen werden. Danach könnte eine Diskussion, wie anhand dieses Frauenbildes Frauenfußball damals wohl vorstellbar gewesen wäre, stattfinden. Anhand der Arbeitsblätter ist nachvollziehbar, welche Stimmungen tatsächlich vorherrschten. Das Pro und Kontra des Frauenfußballs sollte gemeinsam in einer Tabelle an der Tafel erfasst werden. Die Schülerinnen schätzen ein, ob sie zur damaligen Zeit Fußballerinnen geworden wären. Die Schüler sollten die Aussagen bewerten. Im nächsten Schritt könnte diese Diskussion unter aktuellen Gesichtspunkten weitergeführt werden (EM-Sieg 2005, UEFA-Cup 2005/2006: im Endspiel treffen 1. FFC Turbine Potsdam und 1. FFC Frankfurt aufeinander.). Die Schülerinnen sagen nun, inwieweit sie bereit wären heute Fußball zu spielen. Die Schüler tragen ihrerseits Argumente für Zustimmung oder Ablehnung zusammen. Die Ergebnisse beider Diskussionen können abschließend verglichen werden: Hat sich das Interesse der Frauen für den Fußball geändert? Gibt es mittlerweile eine höhere Akzeptanz? Gibt es immer noch Klischees?

#### Einbettung in den Sozialkunde- oder Politikunterricht
#### Thema Frauenbild und Fußball
Die Schülerinnen und Schüler sollen zu Beginn Punkte über das aktuelle Frauenbild zusammentragen. Hierbei muss zwischen dem Bild der Frauen in Deutschland aus gesellschaftlicher Sicht und der persönlichen Einschätzung der Schülerinnen und Schüler unterschieden werden. Danach erfolgt eine Einschätzung, wie sich in dieses Frauenbild Fußball integrieren lässt. Die Schülerinnen und Schüler erfassen das Pro und Contra. Schließlich werden die aktuellen Textquellen der Arbeitsblätter zum Vergleich herangezogen. Ein Augenmerk liegt auf den Argumenten, die gegen den Frauenfußball aufgeführt werden. Diese könnten z. B. in einem Rollentausch erörtert werden. Die Schüler nehmen die Position der Frauenfußballerinnen ein, die Schülerinnen argumentieren aus der Sicht der Männer. Die Klasse kann anschließend die Pro- und Contra- Argumente bewerten.

#### Thema Popularität
Begonnen wird mit der Auflistung: Welche Vereine, Spielerinnen oder Spieler, Spiele, Siege etc. sind bekannt? Vor der Auswertung sollte das Thema „Interesse für Fußball" diskutiert werden. Ist Fußball als reiner Männersport zu verstehen? Spricht etwas gegen Frauenfußball? Gibt es Unterschiede zwischen männlichen und weiblichen Fans? Die Schülerinnen und Schüler sollen nach der Diskussion einen Überblick über die aktuelle Situation haben, d. h. Fußball ist vor allem bei Männer beliebt, allerdings nimmt die Attraktivität für Frauen stetig zu. Schließlich erfolgt die Auswertung der Schüleraufzeichnungen vom Beginn der Stunde. In einem Vergleich können Pro und Contra für Frauen-Fußball sowie Gründe, die für oder gegen Fußballinteresse sprechen, aufgeschrieben werden.
In einem zweiten Teil sollte anhand der amerikanischen Spielerin Mia Hamm die Situation in den USA vorgestellt werden. Die Schülerinnen und Schüler vergleichen diese mit der Situation in Deutschland. Gemeinsamkeiten und Unterschiede können wieder an der Tafel zusammengetragen werden und die Klasse sollte einschätzen, was aus ihrer Sicht die Ursachen für die Unterschiede sind.

# Lasst sie Fußball spielen!

Dass Frauen Fußball spielen, ist immer noch keine Selbstverständlichkeit. Das Interesse der Öffentlichkeit ist nach wie vor gering. Unter den Frauen selbst gibt es zu wenige Fans. Um Frauenfußball für alle attraktiver zu machen, werden ganz unterschiedliche Wege eingeschlagen. Wichtige Spiele der Männer und Frauen werden zusammengelegt, sodass die Frauen vor einer breiteren Öffentlichkeit spielen. DFB-Vorsitzender Theo Zwanziger appelliert an das öffentlich-rechtliche Fernsehen, wichtige Spiele der Frauen live zu übertragen. Aber auch ganz andere Vorschläge werden gemacht, so fordert u. a. der UEFA-Präsident Lennart Johansson mehr Sexappeal im Frauenfußball.

## **1** Fußball-Amazonen

*In den 1950er- und 1960er-Jahren von der Presse diskutiert, von der Öffentlichkeit gemieden oder bestaunt, vom DFB verboten:*

Als die Münchner Abendzeitung am 18.03.1957 vom zweiten „Damenfußball-Länderauswahlspiel Westdeutschland gegen Westholland" berichtet und dem Spiel der „Fußball-Damen" ein gutes Zeugnis ausstellt, ist Frauenfußball in der Öffentlichkeit heftig umstritten – und vom Deutschen Fußball-Bund längst verboten worden [...] Der „Kampfsport Fußball" gilt dem Herrenclub des DFB noch als reine Männerbastion, „Damenfußball" lehnt man aus „grundsätzlichen Erwägungen und ästhetischen Gründen" ab. [...] Dennoch kickten in den 50er- und 60er- Jahren fußballbegeisterte „Amazonen" abseits vom DFB [...] Für die Fußballerinnen war es nicht nur ein Kick gegen das runde Leder. Es war immer auch ein Kick gegen Weiblichkeitsklischees, voyeuristische Männerfantasien und männlich dominierte Herrschaftsstrukturen, ein Kick gegen Pöbeleien und Quertreiber. Aber es war für sie auch damals schon ein Spiel, bei dem sie „ihren Sport ausübten, Begeisterung und Ermutigung durch Zuschauer und Presse erlebten, und so manche Spielerin nach dem Abpfiff gar von Autogrammjägern umringt wurde. Erst 1970, als nach Schätzungen bereits 40.000–60.000 Mädchen und Frauen deutschlandweit dem runden Leder hinterherjagten, erkennt der DFB die Zeichen der Zeit und hebt sein Frauenfußball-Verbot auf.
Zit. nach: Hoffmann, E., Nendza, J., Verlacht, Verboten und Gefeiert, a.a.O., S.4

## **2** Länderspiel Westdeutschland gegen Westholland im Münchner Dante-Stadion im März 1957, das Spiel endet 4:2 für die deutschen Frauen.

## **3** Männerdomäne Fußball?

*Auszüge des Interviews mit Monika Staab, Vorsitzende und Trainerin des 1. FFC Frankfurt, Oktober 2002:*

**Ist der Fußball immer noch eine Männerdomäne?**
Das muss man so sagen. Wir haben zwar viel aufgeholt und sind seit über 30 Jahren im „erlaubten" Fußball, wir durften bis 1972 nicht spielen. Natürlich ist der Männerfußball uns etliche Jahre voraus, das muss man ganz ohne Neid eingestehen. Wir sind aber dabei aufzuholen und den Frauenfußball populärer zu machen. Vielleicht sind wir irgendwann einmal gleichgestellt, aber das ist noch ein langer Weg dahin.

**Warum durften Sie seinerzeit nicht spielen, wer hat Ihnen das verboten?**
Das war die „graue Eminenz" des Deutschen Fußball Bundes. Der DFB ist auch unser Verband, für den wir spielen, für den wir auch als Mitglieder geführt sind. Er verstand zunächst nicht, wie Frauen sich überhaupt erlauben können, Fußball zu spielen. Es hieß, die Sportart wäre zu brutal, die Frauen – das hat sich zum Glück geändert – gehörten hinter den Herd und müssten Kinder kriegen. Man musste in den Anfangszeiten einen Brustschutz tragen, damit nichts passiert, man durfte nur zwei Mal 25 Minuten spielen, man musste mit einem kleineren, leichteren Ball spielen. [...]

**Ist der Frauenfußball in anderen Ländern populärer als in Deutschland?**
In Amerika wird Frauenfußball bereits von Kind an gespielt und auch die entsprechende Akzeptanz ist vorhanden. Die meisten Mädchen wollen dort Fußball spielen und es ist daher auch die Sportart Nummer Eins für Frauen geworden, noch weit vor Basketball. Dort gibt es auch die erste Profiliga weltweit. Japan hat es vor einigen Jahren ebenfalls versucht, ist aber gescheitert. Hier in Europa ist gerade in den letzten Jahren vor allem in England der Frauenfußball immer mehr in den Vordergrund gerückt. Die skandinavischen Länder sind uns weit voraus, denn dort haben Frauen einen anderen Stellenwert, ist es eher akzeptiert, dass die Frau Fußball spielen darf, während der Mann vielleicht zu Hause sitzt und den Haushalt regelt. Hier in Deutschland haben die offensichtlichen Erfolge des Frauenfußballs immerhin zu einer deutlichen Aufwertung geführt.

**Gibt es im Frauenfußball vorwiegend „einheimische" Teams oder werden auch gute Spielerinnen „dazugekauft"?**
Wir hier in Frankfurt sind keine Profis, müssen tagsüber unserem Beruf nachgehen, kommen erst abends zu unserem Training und da ist der Verschleiß sehr hoch. Sehr viele Spielerinnen kommen von außerhalb, müssen oft mehr als eine Stunde Anfahrt in Kauf nehmen, das ist ein Riesenaufwand. Die amerikanische Profiliga allerdings zahlt den deutschen Spielerinnen vergleichsweise sehr viel, etwa 60.000 Dollar pro Saison, und damit kann man

ein Hobby schon zum Beruf machen. Wir hier spielen aber vor allem aus Spaß, Leidenschaft, Begeisterung und damit wollen wir auch unsere Zuschauer anstecken. Es wäre natürlich wünschenswert, dass wir einmal Profis werden und noch bessere Leistungen erzielen. Mit der jetzigen Doppelbelastung gibt es nur wenig Privatleben, die Frauen opfern sehr viel für den Fußball und es ist ihnen hoch anzurechnen, was für einen Kraftakt sie für wenig Geld dafür aufbringen. Im Gegensatz zu manchen anderen Fußballvereinen haben wir also nur sehr wenig Geld und könnten es uns gar nicht leisten, Millionen für Spielerinnen auszugeben. Dafür sind wir sehr leistungsfähig und stark, wenn es um das Durchhaltevermögen geht.
Zit. nach: www.flvw-bielefeld.de/frauen, 23.10.05 (Staab, M.)

### 4 Wir müssen Leistung zeigen
*Bernd Schröder, Trainer des 1. FFC Turbine Potsdam, im Frauen-Bundesliga-Magazin, Saison 2004/2005:*
Der Frauenfußball muss ein ehrliches Produkt anbieten. Zuschauer lassen sich nichts vormachen. Wenn die Leistung nicht stimmt, bleiben sie weg. Und dazu gehört auch das professionelle Umfeld, das einige Vereine schon vorleben.
Zit. nach: www.ffc-frankfurt.de/c/cms/upload/blm/BLM_06+07.pdf, 28.10.2005

### 5 Fankultur der Frauen
*Weiblichen Fans für den Frauenfußball:*
Frauen haben bislang noch keine Kultur der Anhängerschaft für einen Frauensport entwickelt. Anders als viele Männer sind Frauen selten engagierte Fans und Anhänger einer Mannschaft oder eines Sports. Wenn sich in diesem Zusammenhang nichts ändert – wenn Frauen sich nicht regelmäßig Frauenfußball ansehen, sich darüber mit anderen unterhalten und zu bestimmten Mannschaften Bindungen aufbauen und Vorlieben entwickeln –, wird die Chance, dass der Fußball über die weibliche Variante populärer wird, verpasst.
Zit. nach: Markovits, A., Helleman, S., Im Abseits, Hamburg 2002, S. 267

### 6 Im Schatten der Männer
*Die Frauen-EM 2005 in England findet kaum Beachtung:*
Allein die Tatsache, dass die UEFA die Frauen-EM im Schatten des Medienspektakels und der WM-Vorbereitungsveranstaltung Confederation Cup aufziehen, lässt nicht gerade vermuten, dass sie selbst (die UEFA, Anm. der Autorin) an die Qualität des Frauenfußballs glauben.
Zit. nach: www.europolitan.de, 1.11.2005 (Zähes, aber rundes Leder)

### 7 Sicher wäre es manchmal schön, wenn man sehen könnte, dass es Frauen sind.
*So Lennart Johansson, UEFA-Präsident, während der Frauenfußball-EM in England 2005 auf der Suche nach einer Lösung, Frauenfußball attraktiver zu machen. Die Frauen-EM in England wurde im Schatten des Confederation Cups der FIFA ausgetragen. Das Turnier in England ist wenig besucht und auch im Fernsehen findet es kaum Beachtung. Unter dem Titel „Scharfer Frauen-Fußball" berichtet das Nachrichtenmagazin n-tv am 17. Juni 2005 zu den Äußerungen Johanssons:*
Die stärkere Betonung der weiblichen Reize bietet nach Ansicht von UEFA-Präsident Lennart Johansson (Schweden) für eine erfolgreichere Vermarktung des Frauen-Fußballs bessere Chancen. „Es gibt Unternehmen, die ein bezauberndes, Ball spielendes Mädchen gut verwerten können", sagte der 75 Jahre alte Präsident der Europäischen Fußball-Union (UEFA) am Rande der Frauen-EM in England. So könnte ein größerer Nutzen aus den „schweißnassen", gut aussehenden Frauen auf dem Spielfeld gezogen werden.
Mehr Sexappeal würde laut Johansson das Interesse am Frauen-Fußball steigern: „Die Frauen müssen akzeptieren, dass sie das Geld, das sie verdienen wollen, nur bei ausreichendem Zuschauer- und Sponsorenzuspruch kassieren können."
Johansson schloss sich mit seinem Vorschlag der Meinung von Weltverbands-Chef Sepp Blatter an. Der Schweizer hatte kürzlich geraten, im Frauen-Fußball den Dress-Code zu verschärfen und ähnlich wie im Volleyball enger anliegende Hosen vorzuschreiben. Blatter nannte als Ziel seines Vorstoßes, eine weiblichere Ästhetik für den Frauen-Fußball zu kreieren.
Zit. nach: www.n-tv.de/545241.html, 1.11.2005

### 8 Die perfekte Spielerin
*Steffi Jones über mögliche erfolgreiche Vermarktungsstrategien:*
**Wie sähe denn die perfekte Spielerin für eine erfolgreiche Vermarktungsstrategie aus?**
Eine Spielerin muß raus und sich zeigen. In den USA mußte jede von uns einmal in der Woche raus – in eine Schule und zur Autogrammstunde. Der Einsatz wird belohnt, das kommt alles positiv zurück. Hier gibt es nur den Neid über die wenigen Spielerinnen, die öfters einmal in der Öffentlichkeit auftauchen.
**Welche Rolle spielt das Aussehen einer Spielerin bei der Vermarktung?**
Gut aussehen ist wichtig. Ausstrahlung, gut ausdrücken können, mehr lächeln, nicht immer grimmig und negativ sein, Leistung bringen.
Zit. nach: www.faz.de, 21.09.2003

---

#### — Arbeitsvorschläge —

1) Diskutiert die Gründe, die Für oder Gegen Frauen-Fußball sprechen (M1, M3, M4). Schätzt die Situation des Umfeldes des Frauen-Fußballs ein (M5, M6).
2) Beschreibe das Frauenbild von heute (M3 und M8). Vergleiche es mit den Argumenten die für Frauenfußball sprechen (M3 und M4). Überlege, ob Lennart Johanssons Vorschlag die Attraktivität des Frauenfußballs vorantreiben würde (M7). Informiere dich über ähnliche Entwicklungen z.B. beim Beachvolleyball.

# Sie ist Amerikas bester Fußballer

Das Endspiel der WM 1999, USA gegen China, hat die höchste Einschaltquote, die je ein Fußballspiel, egal ob Männer- oder Frauenfußball, in den USA erreicht hat. Während es dort ganz normal ist, dass Mädchen Fußball spielen und der Frauenfußball weitaus populärer ist als der Männerfußball, scheint im Rest der Welt Fußball immer noch eine Männerdomäne zu sein.

**1** Michael Jordan des Frauenfußballs

*Mia Hamm ist die bekannteste und zugleich beliebteste amerikanische Fußballerin. Sie erhielt die meisten Auszeichnungen in der Geschichte des Frauenfußballs und hat eine ganze Generation inspiriert. Sie hat mehr internationale Tore als irgendjemand sonst im amerikanischen Fußball geschossen und sie dominierte die Fußball-Landschaft über 17 Jahre.*
Mia Hamm erfüllt alle amerikanischen Träume. Sie hat den Killerinstinkt vor dem Tor, ist ansonsten (wie der Amerikaner sagt) „very beautiful" und vor allem sie ist die geborene Siegerin. Sie war beteiligt am Olympiagewinn der Amerikanerinnen 1996 in Atlanta, wurde mit ihrem Team 1991 Weltmeister und versetzte im Sommer 99 die US-Öffentlichkeit in einen wahren Fußballrausch: Vor der Rekordkulisse von 90.000 ZuschauerInnen schlugen die US-Girls in Los Angeles die starken Chinesinnen im

Elfmeterschießen und wurden Weltmeisterinnen. Kein Wunder, dass ein amerikanischer Spielzeughersteller eine „Soccer-Barbie" auf den Markt warf – kreiert nach Hamms Ebenbild. [...] Die „Mia-Mania" zahlt sich für Hamm in barer Münze aus: Etwa eine Million Dollar verdient Mrs. Frauenfußball jährlich – vor allem dank Nike. [...]
Sie will gerade jungen Frauen im Sport Möglichkeiten schaffen. „Das ist eine wichtige Verantwortung", so Hamm, „den Mädchen und Frauen vorzuleben, dass sie alles erreichen können – egal in welcher Sportart."
Zit. nach: taz, Nr. 6031, 3.01.2000, S.14 (Fechtig, P.)

**2** Männerfußball in Amerika
*Spielt der Männerfußball in der Sportkultur der USA nur eine marginale Rolle?*
Vielleicht sollte man zunächst einfach ernster nehmen, dass sich die meisten Amerikaner tatsächlich langweilen, wenn sie Fußball sehen. [...] Der Fußball hat etwas Anarchisches, das sich festgefügten Erwartungen an Unterhaltungswert und Aufwand-Ertrags-Verhältnisse nicht fügt. Erwartungen dieser Art, einschließlich einer betont individuellen Zurechnung von Erfolg, spielen jedoch in der amerikanischen Gesellschaft traditionell eine dominierende Rolle. Die Vorliebe für Statistik in der US-Sportkultur, mit der komplexe Mannschaftsszenarien in individuell vergleichbare Zahlenkolonnen verwandelt werden, spiegelt diese Tatsache ebenso wie das beständige, publikumsorientierte Neujustieren der Regeln. [...]
Der Fußball dagegen bleibt Fußball, praktisch unverändert seit Erfindung der Abseitsregel, eigensinnig, unberechenbar, launisch. Auch ein „Spitzenspiel" garantiert keine Unterhaltung. Weder nominelle noch taktische Überlegenheit garantieren den Sieg. Wer 90 Minuten auf ein Tor spielt, kann in der 91. ausgekontert werden. Der Weltmeister von 1998 kann 2002 in der Vorrunde rausfliegen, Eigentore können das Spiel entscheiden, Fehlentscheidungen es ruinieren, Platzfehler es zur Farce machen. Der Fußball ist die populäre Verkörperung der paradoxen Erfahrung, dass Talent und Leistung entscheiden sollen, aber nur selten entscheiden. Der Fußball, könnte man auch sagen, hat eine ironisch-tragische Dimension. Und vielleicht muss man, um ein solches Spiel wirklich schätzen zu können, das historische Gepäck des Alteuropäers auf dem Rücken haben oder den südamerikanischen Sinn für Widersprüche im Blut.
Zit. nach: www.indirekter-freistoss.de/home/nachschuss-mark_hell. html, 23.10.2005

---

**Arbeitsvorschläge**

1) Liste alle dir bekannten deutschen Fußballerinnen auf. Kennst du sie durch ihren Sport oder aus der Werbung? Wofür werben sie speziell? Gibt es Produkte, für die Fußballerinnen besonders gut werben können (vgl. mit M1)?
2) Vergleiche das Desinteresse der amerikanischen Männer für Fußball mit deiner eigenen Einstellung (M2). Gibt es Parallelen und/oder Unterschiede? Ziehe dazu auch die Textquellen S. 56 f. M3 und M5 hinzu.

# 8. We are the champions –
# Ein Lied für Gewinner

Ob Fußballspiel, Boxkampf, oder Konzert – heute wird vieles gleich zu einem Event erklärt, der für die Besucher ein Erlebnis verspricht, das sich wesentlich vom Alltagsleben abhebt. Die Veranstaltungen haben viel Gemeinsames: Boxkämpfe werden mit Musik begleitet, spätestens seitdem der deutsche Boxer Henry Maske seinen Abschied vom aktiven Boxsport vom Sänger Andrea Boccelli mit dem Song „It's time to say good-bye" begleiten ließ. Konzerte finden heute in Fußballarenen statt und zu Fußballspielen werden Popsongs angestimmt, die beim Publikum gemeinschaftliche Emotionen auslösen.

Aus dem Bedürfnis heraus, die Solidarität mit der heimischen Mannschaft nach außen zu dokumentieren, stimmen seit langem Besucher sinnfällige Songs und Lieder an. Diese Wirkung weiß man inzwischen in allen Stadien der Welt auszunutzen und spielt diese Hymnen über die Stadionlautsprecher.

Da wo früher eine zündende Melodie und ein der Situation entsprechender Text als Grund für die Liedauswahl reichte, werden inzwischen auch die Effekte des musikalischen Arrangements einer Aufnahme ausgenutzt. Und wer kann sich der Wirkung einer Fußballhymne entziehen, wenn die eigene Mannschaft auf dem Weg zum Sieg ist, die Musik eingespielt wird und jeder Stadionbesucher sich ebenfalls als Gewinner fühlt?

1968. Keiner kann den Erfolg vorherahnen, den die Gruppe „Smile" dereinst einmal haben wird, als Farookh Pluto Bulsara den Leadsänger ersetzt. Die Band hat bislang nur Misserfolge und das setzt sich zunächst auch so fort, bis der Leadsänger und auch die Band die Namen wechseln: Farookh nennt sich nun Freddie Mercury und die Band heißt nun „Queen". In den frühen 1970er-Jahren wird der lang ersehnte Plattenvertrag mit EMI abgeschlossen und von da ab geht es nur noch steil bergauf.

Queen ist ein Quartett mit den Musikern Brian May (Gitarre), John Deacon (Bass), Roger Taylor (Schlagzeug) und Freddie Mercury (Gesang). Alle Musiker arbeiten in der Band gleichberechtigt, das heißt jeder der vier ist in der Lage, Hits zu schreiben. Die Gruppe wird bekannt mit wirkungsvollen Hymnen und brillant inszenierten Bühnenshows. Zu den bekanntesten Songs gehören „We Will Rock You", „Bohemian Rhapsody", „A Kind Of Magic" und „We Are The Champions". Freddie Mercury, der 1946 in Sansibar geboren wurde und erst in den 1960er-Jahren mit seinen Eltern nach England übersiedelte, verkörpert den Künstlertyp, der allein kraft seiner musikalischen Fähigkeiten den Weg zum Ruhm schaffte. Er selbst hatte Design studiert und keine eigentliche Musikausbildung genossen. Und dennoch gelang ihm als Naturtalent eine Sängerkarriere, die in Konzerten mit der Opernsängerin Montserrat Caballe 1988 im Vorfeld zu den Olympischen Spielen in Barcelona gipfelte. Der Himmelssturm wird im November 1991 jäh beendet, als Mercury, kurz nachdem er seine AIDS-Erkrankung bekannt gibt, in London

**Freddie Mercury während des Queen-Konzerts im Londoner Wembley-Stadion 1986.**

stirbt. Das daraufhin am 20. April 1992 im Wembley-Stadion stattfindende „Freddie Mercury Tribute Concert" einer gemeinnützigen Organisation für die Bekämpfung von Aids wird von mehr als einer Milliarde Menschen weltweit live im Fernsehen verfolgt.

Der Song „We Are the champions" hat sich bis heute zu einem festen Bestandteil des Fußballfan-Repertoires entwickelt und dient immer wieder als Titel für CDs mit so genannten Fußball-Hits oder für verschiedenste Werke der vielfältigen Fußballliteratur. Er sorgte aber mitunter auch dafür, dass Fußball als Untersuchungsgegenstand Eingang in den Musikunterricht von Schulen fand, wenn z. B. Musik als Massenphänomen und als lebendiger Identifikationsausdruck des Einzelnen in einer Fußball-Fangemeinde analysiert wurde.

# We are the champions

Text und Melodie:
Freddy Mercury

I've paid my dues –
Time after time –
I've done my sentence
But committed no crime –
And bad mistakes
I've made a few
I've had my share of sand kicked in my face –
But I've come through

We are the champions, my friends
And we'll keep on fighting, till the end –
We are the champions,
We are the champions
No time for losers
'Cause we are the champions
Of the world

I've taken my bows
And my curtain calls.
You brought me fame and fortune
And everything that goes with it.
I thank you all,
But it's been no bed of roses,
No pleasure cruise.
I consider it a challenge before the whole human race
And I never loose
And I need to go on, and on, and on, and on

We are the champions, my friends
And we'll keep on fighting, till the end –
We are the champions,
We are the champions
No time for losers
'Cause we are the champions
Of the world.

# Fußball-Report

Text und Musik: Heinz Benker
© Edition Hieber im Allegra Musikverlag, Frankfurt am Main

1. Anstoß! Leder rollt. Links-außen. Rechts-außen.

2. Zurück zur Mitte, foul! Dribbeln,

3. dribbeln, gib doch ab! Achtung, Hintermann! Dribbeln, dribbeln, dribbeln, Schuss! Abseits, abseits, Schiedsrichter trillert. Schlussmann. Latte, Schiedsrichter trillert. Abstoß! Fehlpass! Wir wollen jetzt endlich ein Tor sehn. Wir wollen jetzt endlich ein Tor sehn, endlich ein Tor sehn! Schuss! Nachschuss! Tor! Tor! Tor!

(3.) Eins zu null, eins zu null! / Zwei zu null, zwei zu null!) Tor! Tor! Tor! Tor! Unhaltbar, unhaltbar, unhaltbar.

(2.) (Tor!) Ein wunderbarer Schuss, ein wunderbarer Schuss,

(1.) ein wunderbarer Schuss in die linke Ecke, in die linke Ecke, in die linke Ecke. Anstoß! D.S. al (1.) wunderbarer Schuss ins Tor.

1. Lernt das Sprechstück abschnittsweise und setzt es dann zusammen. Beim Durchlauf im Kanon sprechen alle Gruppe das erste Mal bis zum ersten Doppelstrich. Bei der Wiederholung springt die erste Gruppe bei ⊕ in den letzten Takt, die zweite und dritte Gruppe enden bei der entsprechend gekennzeichneten Fermate.

2. Stellt euch beim Sprechen vor, ihr seid Reporter!

3. Welche Geräusche und Klänge passen zur Klangkulisse in einem Stadion?

### Wir sind die Größten

Die Fans schätzen an den Queen-Songs die ausgefeilten Arrangements und genialen musikalischen Inszenierungen. Auch der Song „We Are The champions" folgt einem wirkungsvollen musikalischen Konzept, das letztendlich dazu führte, den Song zu einem ewigen Stadion-Hit zu machen. Der Song beginnt mit einem ruhigen Trio gespielt von Gitarre, Keyboard und Bass, über das Mercury eine einfache Melodie singt, die aus sich oft wiederholenden Motiven entwickelt. Freddie Mercury singt mit Kopfstimme in einem Bereich, den nicht ausgebildete Sängerinnen und Sänger nur schwer bewältigen. Der Song liegt aber so, dass man die Melodie hervorragend im Bruststimmbereich singen kann. Die Rhythmik hat einen 6/8-Takt zur Grundlage, dessen Schwingen besonders dazu beiträgt, den Refrain einprägsam zu gestalten. Der Tonumfang des Refrains umfasst im Kernbereich eine Oktave, die nur selten überschritten wird.

### Queen-Konzert im Wembley-Stadion 1986

Das Singen beim Fußballspiel hat Tradition. Entweder es dient der Solidarisierung mit der eigenen oder der Abqualifikation der gegnerischen Mannschaft. Manchmal kann auch beides in einem Wechselgesang auftreten. Auf jeden Fall aber schafft das gemeinsame Singen unter den Fans ein Gemeinschaftsgefühl oder ist Ausdruck dieser Solidarität.

### Stehränge-Gesang

*Der britische Schriftsteller Nick Hornby schreibt in seinem autobiografisch gefärbten Roman „Fever Pitch" über Gesänge in einem Fußballspiel von Derby County gegen Arsenal London am 26. Februar 1972:*
Charlie (George) trat zwei Mal, zwei Traumtore, und zur Melodie von Andrew Lloyd Webbers Hit der damals jüngeren Vergangenheit (gemeint ist der Titelsong „Jesus Christ Superstar" aus dem gleichnamige Musical) sangen wir „Charlie George! Superstar! Wie viele Tore sind's dieses Jahr?" (Worauf die Fans von Derby erwiderten, wie andere überall im Land es vor ihnen getan hatten: „Charlie George! Superstar! Läuft wie 'ne Frau und trägt BH!" Es ist schwer, nicht zu lachen, wenn Leute die Sechziger und Siebziger als das goldene Zeitalter der witzigen Einfälle auf den Stehrängen verklären.)
Zit. nach: Hornby, N., Fever Pitch, Köln 2003, S. 77

---

### Arbeitsvorschläge

1) Singe den Song zum Playback und beobachte dich dabei. Wo wirst du automatisch lauter? Wo wird der Ausdruck intensiver? Vergleiche deine Erfahrungen mit dem Höreindruck des Originals.
2) Übersetze den Text und leite daraus die Popularität als Stadion-Hit ab.
3) Höre das Musikbeispiel. Wo setzt das Schlagzeug ein und welche Wirkung wird dadurch erzeugt?
4) Lege im Refrain die Motive fest, aus denen sich die Melodie zusammensetzt. Auf welches Grundmotiv kannst du die Melodie reduzieren.
5) Wie setzen sich Refrain und Strophe voneinander ab? Beachte die Harmonik.
6) Befrage Fußballfans nach ihren Liedern und Songs, die sie im Stadion singen. Versuche eine Begründung für die Auswahl zu finden und beachte dabei musikalische und textliche Argumente.
7) Erstelle eine Collage, die einen Ausschnitt aus einem Fußballspiel nachstellt. Verwende dazu auch Originaltöne aus Fußballreportagen, die du aus dem Radio aufnehmen kannst.
8) Beschreibe das durch gemeinsames Singen entstehende Gefühl bei den Fans.
9) Was meint die Gruppe Queen mit dem Text „We are the champions"? Welche Funktion hat der Song, wenn er von Fans in der Fußballarena gesungen wird? Beachte den gesamten Text.

# Register

# Literaturtipps

Christiane Eisenberg, Fußball als globales Phänomen: Historische Perspektiven.
In: Aus Politik und Zeitgeschichte. Beilage zur Wochenzeitung Das Parlament, B 26/2004, S. 7–15.

Gerhard Fischer/Ulrich Lindner, Stürmer für Hitler. Vom Zusammenspiel zwischen Fußball und Nationalsozismus. Göttingen 2002.

Michael Horn/Gottfried Weise, Das große Lexikon des DDR-Fußballs. Berlin 2004.

Gerd Dembowski/Jürgen Scheidle, Tatort Stadion. Rassismus, Antisemitismus und Sexismus im Fußball. Köln 2002,

Eduard Hoffmann/Jürgen Nendza, Verlacht, verboten und gefeiert. Zur Geschichte des Frauenfußballs in Deutschland. Weilerswist 2005.

Antje Hagel/Nicole Selmer/Almut Sülzle, gender kicks. Texte zu Fußball und Geschlecht, Koordinationsstelle Fanprojekte (KOS) bei der deutschen Sportjugend, Frankfurt/M. 2005

Norbert Seitz: Doppelpässe, Fußball und Politik, Frankfurt/M. 1997.

Walter Tokarski, Rassismus und Fremdenfeindlichkeit im Fußball – europäische Aspekte.
In: Marie-Luise Klein/Jürgen Kothy (Hrsg.): Ethnisch-kulturelle Konflikte im Sport. Ahrensburg 1998, S. 147–157.

# Internettipps

Internetportale zum Thema Rassismus im Fußball:
www.tatort-stadion.de
www.demballegal.de
www.mut-gegen-rechte-gewalt.de

Dokumentationsforum rund ums Thema Fußball:
http://www.deutsches-fussball-museum.de

Schulprojekte:
www.fd21.de/166081.asp

Weitere Details über die mögliche Einbettung von Fußball in unterschiedliche Fächer finden Sie darüber hinaus auf der Seite von Lehrer-online: http://www.lehrer-online.de/url/welt-ist-rund

# Bildgeberverzeichnis

**5:** Action Press (Andreas Mümken), Hamburg
**7.1:** Presse- und Informationsamt der Bundesrepublik (Stollfuss), Berlin
**7.2:** Klett-Archiv (Josef Rave), Stuttgart
**7.3:** Archiv FC Schalke; 7.4: Keystone, Hamburg
**8:** Archiv FC Schalke
**9.6:** Archiv FC Schalke
**9.9:** Firo Sportpressefoto, Gelsenkirchen
**10:** Keystone (Dominique Ecken), Hamburg
**11:** FC Schalke 04, Gelsenkirchen
**13:** ullstein bild, Berlin
**14:** ullstein bild, Berlin
**15.oben:** BPK (Benno Wundshammer), Berlin
**15.unten:** ullstein bild, Berlin
**17:** ullstein bild, Berlin
**18:** aus: John Bunzl, Hoppauf Hakoah, Junius Verlag, Wien 1987, S. 15
**19:** Picture-Alliance (ASA), Frankfurt/M
**20:** ullstein bild, Berlin
**21:** aus: Rudi Michel, Deutschland ist Weltmeister, Südwest-Verlag, S. 96
**23:** Picture-Alliance, Frankfurt
**24:** Picture-Alliance, Frankfurt/M
**25:** Süddeutscher Verlag, München
**26:** Picture-Alliance, Frankfurt/M
**28:** BPK, Berlin
**29:** IMAGO (Camera 4), Berlin
**30:** Picture-Alliance, Frankfurt
**31:** IMAGO, Berlin
**32:** IMAGO (Werek), Berlin
**34.3:** ullstein bild, Berlin
**34.4:** Picture-Alliance (Werek), Frankfurt/M
**35:** Picture-Alliance (dpa/Wolfgang Kluge), Frankfurt/M
**39:** Picture-Alliance (epd), Frankfurt/M
**41:** Picture-Alliance (dpa/Frank May), Frankfurt/M
**42:** Nike Deutschland, Andyone GmbH
**43:** ddp Deutscher Depeschendienst GmbH (Johannes Simon), Berlin
**44.8:** Schalker Fan-Initiative e.V.
**44.unten:** Picture-Alliance (dpa/dpaweb), Frankfurt/M
**45:** Picture-Alliance (dpa/dpaweb/Simone Neumann), Frankfurt/M
**47:** Picture-Alliance (dpa/Empics John Walton), Frankfurt/M
**50:** Mast-Jägermeister AG, Wolfenbüttel
**51:** Borussia Dortmund
**53:** Picture-Alliance (dpa/epa/Simon Bellis), Frankfurt/M
**54:** BPK, Berlin
**56:** ullstein bild, Berlin
**58:** AP (Lawrence Jackson), Frankfurt/M
**59:** Corbis (Denis O'Regan), Düsseldorf
**61:** Corbis (Denis O'Regan), Düsseldorf